COMPÉTENCE ET PROCÉDURE

DES

JUSTICES DE PAIX

EXAMEN

DU

PROJET DE LOI

COMPÉTENCE ET PROCÉDURE

DES

JUSTICES DE PAIX

EXAMEN

DU

PROJET DE LOI

ET

MODIFICATIONS QUI Y SONT PROPOSÉES

ACCOMPAGNÉS

Des textes actuels, des textes du projet et des textes modifiés

PAR

M. GUILBON

Juge de paix du neuvième arrondissement de la Ville de Paris.

SECONDE PARTIE

DE LA PROCÉDURE

PARIS

AU BUREAU DU CORRESPONDANT DES JUSTICES DE PAIX

12, RUE DES SAINTS-PÈRES, 12

1870

RÉVISION

DU

CODE DE PROCÉDURE CIVILE

LIVRE DEUXIÈME

PROCÉDURE DEVANT LA JUSTICE DE PAIX (*)

TITRE PREMIER

Des Citations (**)

TEXTES

Art. 1er du Code de procédure civile.	Art. 52 du projet de loi.	Art. 52. Rédaction proposée.
Toute citation devant les juges de paix contiendra la date des jour, mois et an, les noms, profession et domicile du demandeur, les noms, demeure et immatricule de l'huissier, les noms et demeure du défendeur ; elle énoncera sommairement l'objet et les moyens de la demande, et indiquera le juge de paix qui doit connaître de la demande, et le jour et l'heure de la comparution.	Toute citation devant les juges de paix contiendra la date des jour, mois et an, les noms, profession et domicile du demandeur, les noms, demeure et immatricule de l'huissier, les noms et demeure du défendeur ; elle énoncera sommairement l'objet et les moyens de la demande, et indiquera le juge de paix qui doit connaître de la demande, le jour et l'heure de la comparution.	Toute citation en justice de paix contiendra la date des jour, mois et an ; les noms, profession et domicile du demandeur ; les noms, demeure et immatricule de l'huissier ; les noms et demeure du défendeur, et mention de la personne à laquelle copie de l'exploit sera laissée. Elle énoncera sommairement l'objet et les moyens de la demande ; elle indiquera le juge de paix qui doit en connaître ainsi que le jour et l'heure de la comparution.

(*) L'étude que nous commençons ici est le complément de celle que nous avons récemment publiée sur un premier projet de loi qui, dans deux chapitres distincts composant le titre 1er, renferme les dispositions qui régissent le préliminaire de conciliation devant les juges de paix et la compétence civile de ces magistrats.

Le dernier des articles sur lesquels a porté notre examen est l'article 24, relatif à la compétence territoriale et à la prorogation de juridiction.

Or, pour expliquer l'intervalle qui existe entre cet article et celui par lequel commence le second livre, et qui porte le numéro 52 dans la série des articles dont sera composé le nouveau Code de procédure, nous devons nous empresser de faire connaître ici que le premier projet de loi contient un second titre subdivisé lui-même en deux chapitres renfermant, dans vingt-sept articles (de 25 à 51 inclusivement), les dispositions qui règlent la compétence des Tribunaux civils d'arrondissement et la juridiction contentieuse et non contentieuse des Chambres du conseil.

(**) Rappelons ici que, dans notre pensée, la citation par ministère d'huissier, si le législateur croit devoir la conserver, doit être maintenue dans le seul cas où le défendeur n'obéit point au billet d'avertissement, et supprimée toutes les fois que les deux parties, comparaissant devant le juge de paix, sont entendues contradictoirement dans leurs explications. V. notre première Etude, p. 17 à 19.)

OBSERVATIONS

Cet article est la reproduction textuelle de l'article 1ᵉʳ du Code de procédure actuel, ainsi qu'on vient de le voir. Nous proposons de compléter les dispositions qu'il renferme en ajoutant, de même que dans l'article 61, relatif aux ajournements, que l'exploit doit contenir mention de la personne à laquelle la copie en est remise.

TEXTES

Art. 16 de la loi du 25 mai 1838.	Art. 53 du projet de loi.	Art. 53. Rédaction proposée.
Tous les huissiers d'un même canton auront le droit de donner toutes les citations et de faire tous les actes devant la justice de paix. Dans les villes où il y a plusieurs justices de paix, les huissiers exploitent concurremment dans le ressort de la juridiction assignée à leur résidence. Tous les huissiers du même canton seront tenus de faire le service des audiences et d'assister le juge de paix toutes les fois qu'ils en seront requis; les juges de paix choisiront leurs huissiers audienciers.	Tous les huissiers d'un même canton auront le droit de donner toutes les citations et de faire tous les actes devant la justice de paix. Dans les villes où il y a plusieurs justices de paix, les huissiers exploitent concurremment dans les cantons dont la ville est le siége. Tous les huissiers du même canton seront tenus de faire le service des audiences et d'assister le juge de paix toutes les fois qu'ils en seront requis. Les juges de paix choisiront leurs huissiers audienciers.	Tous les huissiers d'un même canton auront le droit de donner. toutes les citations et de faire tous les actes devant la justice de paix. Dans les villes qui sont le siége de plusieurs cantons, tous les huissiers de ces cantons y exploitent concurremment, et ceux du même canton sont tenus de faire le service des audiences. et d'assister le juge de paix toutes les fois qu'ils en seront requis. Les juges de paix choisiront leurs huissiers audienciers.

OBSERVATIONS

L'article 53 du projet reproduit la disposition de l'article 16 de la loi du 25 mai 1838 en lui faisant subir une modification importante. L'article 16 veut que chacun des huissiers d'une ville divisée en plusieurs justices de paix ne puisse délivrer d'exploits que *dans le ressort de la juridiction assignée à sa résidence,* c'est-à-dire dans la circonscription cantonale où, par application de l'article 19 du décret impérial du 14 juin 1813, le Tribunal de première instance a fixé la résidence de l'huissier. L'article 53 entendrait, au contraire, que tous les huissiers pussent exploiter *dans l'étendue des divers cantons dont est le siége la ville où ils sont résidants.*

La disposition nouvelle est plus conforme au principe de la libre concurrence qu'a entendu proclamer le législateur de 1838. Du reste, et malgré les termes restrictifs dans lesquels se trouve conçue la disposition de l'article 16, cette disposition a toujours été appliquée dans le sens le plus large, et cela en vertu d'une circulaire de Son Excellence M. le garde des sceaux, en date du 6 juin 1838, dont la doctrine, vivement contestée, et contestable peut-être si l'on s'en tient à la rigueur du texte, est réellement plus en harmonie avec le principe que nous venons de rappeler.

Quoi qu'il en soit, aucune difficulté ne saurait subsister désormais à cet égard. Néanmoins, nous proposons d'apporter au projet une légère modification consistant à disposer, d'une manière plus explicite, que la concurrence a lieu, non pas seulement à l'égard des huissiers dont la résidence est fixée dans la même ville, comme cela semblerait résulter du texte, mais entre tous les huissiers qui appartiennent à la même circonscription, ce qui est incontestablement dans la pensée de la loi. La sanction des prescriptions faites aux huissiers par cet article, se trouve dans l'article 60 ci-après. (V. p. 11.)

TEXTES

Art. 54 du projet de loi.	Art. 54. Rédaction proposée.
Tous les exploits seront faits à personne ou domicile, conformément aux règles générales prescrites pour les exploits.	Tous les exploits seront faits à personne ou domicile, conformément aux règles générales prescrites pour les exploits.

OBSERVATIONS

Cette disposition est entièrement nouvelle et remplace celle de l'article 4 du Code de procédure, laquelle est manifestement insuffisante en ce qu'elle s'occupe seulement du cas où la partie citée ne se trouve point à son domicile pour imposer à l'huissier l'obligation de remettre au maire la copie de l'exploit, sans même parler du voisin, comme l'a fait l'article 68.

Jusqu'à ce jour, la doctrine a donc dû forcément suppléer à l'insuffisance de la loi en renvoyant au deuxième livre du Code pour l'énonciation des formalités générales dont l'accomplissement est nécessaire dans la notification des exploits en justice de paix.

Les règles générales auxquelles il est référé par notre disposition sont contenues aux articles 68, 69 et 70 du Code de procédure civile. Désormais il n'y aura plus qu'une seule forme de procéder pour toutes les matières, qu'elles soient de la compétence des juges de paix ou de celle des Tribunaux civils d'arrondissement.

TEXTES

Art. 5 du Code de procédure civile.	Art. 55 du projet de loi.	Art. 55. Rédaction proposée.
Il y aura un jour au moins entre celui de la citation et le jour indiqué pour la comparution, si la partie citée est domiciliée dans a distance de trois myriamètres. Si elle est domiciliée au delà de cette distance, il sera ajouté un jour par trois myriamètres. Dans le cas où les délais n'auront point été observés, si le défendeur ne comparaît pas, le juge ordonnera qu'il sera réassigné, et les frais de la première citation seront à la charge du demandeur.	Il y aura un jour au moins entre celui de la citation et le jour indiqué pour la comparution, si la partie citée est domiciliée dans la distance de cinq myriamètres; si elle est domiciliée au delà de cette distance, le délai sera augmenté conformément aux dispositions des art. 73 et 1033 du Code de procédure civile. Dans le cas où ces délais n'auront point été observés, si le défendeur ne comparaît pas, le juge ordonnera qu'il sera réassigné, et les frais de la première citation seront à la charge du demandeur.	Il y aura trois jours au moins entre celui de la citation et le jour indiqué pour la comparution, si la partie est domiciliée dans la distance de cinq myriamètres ; si elle est domiciliée au delà de cette distance, le délai sera augmenté conformément aux dispositions des art. 73 et 1033 du Code de procédure civile. Dans le cas où ces délais n'auront point été observés, si le défendeur ne comparaît pas, le juge ordonnera qu'il soit réassigné, et les frais de la première citation seront à la charge du demandeur.

OBSERVATIONS

Suivant l'article 5 du projet de loi, premier livre, au titre *De la Conciliation* (1), un délai de trois

(1) Voir la première partie de notre Etude, p. 11.

jours doit exister entre la date de la délivrance du billet d'avertissement et celle de la comparution. Or, on s'expliquerait difficilement qu'il n'en fût pas de même lorsque la demande est introduite par citation : l'intervalle d'un jour seulement est insuffisant dans une foule de circonstances, et la brièveté d'un tel délai nécessite souvent des remises de cause et, par suite, des déplacements et des pertes de temps qu'une légère extension du délai, sans inconvénient d'ailleurs, peut parfaitement éviter. On remarquera, en outre, qu'au cas de non-comparution du défendeur appelé par citation, le juge de paix doit statuer par défaut tandis qu'il ne peut le faire après une simple lettre d'invitation (1). C'est donc, ce nous semble, un motif de plus pour que le délai de comparution sur citation soit au moins égal au délai qui doit s'écouler après la délivrance du billet d'avertissement. On ne saurait objecter l'inconvénient qui résulterait de l'extension du délai pour le cas où il y a urgence, car, dans la prévoyance de ce cas, l'article suivant autorise le juge de paix à abréger le délai tout autant que les circonstances peuvent l'exiger.

L'article 5 du Code de procédure se borne à prescrire, pour tout délai de distance, qu'il soit ajouté un jour par trois myriamètres d'excédant. L'article 55 du projet de loi, qui le remplace, porte que le délai de la citation sera augmenté conformément aux dispositions générales des articles 73 et 1033 du Code de procédure civile, dispositions que, dans le silence du premier livre de ce Code, la jurisprudence et la doctrine ont déclarées applicables aux matières de justice de paix.

Remarquons qu'à la disposition de l'ancien article 73, la loi du 3 mai 1862 (art. 1er) a substitué une disposition nouvelle qui détermine, proportionnellement à l'éloignement du domicile du défendeur, les délais qui doivent être observés à l'égard des individus demeurant hors du territoire de la France continentale.

Quant à l'article 1033, également modifié par la loi du 3 mai 1862, après avoir fixé, d'une manière générale, à raison d'un jour par cinq myriamètres, l'augmentation du délai de distance, il ajoute, dans une seconde disposition, de droit commun ainsi que la première, et applicable par conséquent à toutes les significations, que les fractions de quatre myriamètres et au-dessus augmentent le délai d'un jour entier, et que celles inférieures à quatre myriamètres ne doivent pas être comptées.

TEXTES

Art. 6 du Code de procédure civile.	Art. 56 du projet de loi.	Art. 56. Rédaction proposée.
Dans les cas urgents, le juge donnera une cédule pour abréger les délais, et pourra permettre de citer, même dans le jour et à l'heure indiqués.	Dans les cas urgents, le juge de paix pourra permettre de citer sans conciliation préalable, et aux jour et heure qu'il indiquera. Le permis de citer sera délivré et notifié conformément à l'art. 12 ; l'original de l'assignation sera mis à la suite du permis.	Dans les cas urgents, le juge de paix pourra permettre de citer sans préliminaire de conciliation, aux jour et heure qu'il indiquera. Le permis de citer sera délivré conformément à l'art. 9 du présent Code.

(1 Voir toutefois nos observations sur l'article 11 du projet de loi, p. 17 et suiv.

OBSERVATIONS

La disposition de l'article 56 du projet, qui remplace celle de l'article 6 du Code de procédure civile, est, croyons-nous, susceptible d'une rédaction meilleure dans sa première partie. Nous avons pensé qu'il était préférable de dire que le juge de paix peut permettre de citer *sans préliminaire de conciliation*, au lieu de : *sans conciliation préalable*, expressions évidemment inexactes, car la dispense s'applique à la mesure même du préliminaire, dont la loi fait une obligation dans les cas ordinaires, et non à la conciliation, c'est-à-dire au résultat de la tentative, qu'il n'est pas au pouvoir du demandeur de déterminer à son gré.

Quant à la seconde partie de notre article, nous demandons logiquement qu'elle soit mise en harmonie avec la proposition que nous avons faite de délivrer le permis de citer sur papier libre et sans frais d'aucune sorte (1).

TITRE II

Des Audiences et des Jugements.

TEXTES

Art. 8 du Code de procédure civile.	Art. 57 du projet de loi.	Art. 57. Rédaction proposée.
Les juges de paix indiqueront au moins deux audiences par semaine : ils pourront juger tous les jours, même ceux de dimanches et fêtes, le matin et l'après-midi. Ils pourront donner audience chez eux, en tenant les portes ouvertes.	Les juges de paix indiqueront au moins deux audiences par semaine. Ils pourront juger tous les jours, même ceux de dimanches et fêtes. Les audiences auront lieu au chef-lieu de la justice de paix; néanmoins, un arrêté du Ministre de la justice pourra autoriser le juge de paix à tenir l'une des deux audiences hebdomadaires dans une autre commune du canton. Les juges de paix pourront donner audience chez eux en tenant les portes ouvertes.	Les juges de paix indiqueront au moins deux audiences par semaine. Les audiences auront lieu au chef-lieu de la justice de paix ; néanmoins, un arrêté du Ministre de la justice pourra autoriser le juge de paix à tenir l'une des deux audiences hebdomadaires dans une autre commune du canton. Dans les cas urgents, les juges de paix pourront juger les jours de dimanches et fêtes; ils pourront aussi, exceptionnellement et à raison des circonstances, donner audience chez eux en tenant les portes ouvertes.

OBSERVATIONS

L'article 57 du projet de loi reproduit l'article 8 du Code actuel avec cette disposition additionnelle que les audiences doivent, en principe, être données au chef-lieu de la justice de paix, ce que prescrit déjà d'ailleurs, de la manière la plus expresse, l'article 9 de la loi du 29 ventôse an IX. En outre, le nouvel article consacre, par un texte précis, le droit qu'exerce quelquefois Son Excellence M. le Ministre de la justice d'autoriser exceptionnellement le juge de paix à tenir

(1) Voir la première partie de notre Étude : Observations sur l'article 11 du projet (art. 8 de notre rédaction), p. 19 et 20.

l'une de ses audiences dans une commune autre que le chef-lieu de canton. Pour les localités qui sont éloignées de ce chef-lieu, alors surtout qu'il s'agit de communes dont la population est considérable, cette mesure a toujours été regardée comme devant produire d'excellents résultats.

On vient de voir que, de même que l'article 8 du Code de procédure, l'article 57 du projet de loi autorise les juges de paix à juger tous les jours, même ceux de dimanches et fêtes, mais sans ajouter : *le matin et l'après-midi*. Cette disposition, que contient l'article 8, était renouvelée de l'article 1er du titre VII de la loi du 18–26 octobre 1790, sur la procédure des justices de paix, dans lequel elle avait sa raison d'être, car son but était de faire bien comprendre que la tenue des audiences, alors expressément interdites pendant les heures consacrées au service divin, était autorisée, en dehors de ce temps, soit le matin, soit le soir. On doit donc approuver la suppression de ces expressions : *le matin et l'après-midi*, qui n'ont pas une signification bien précise et sont d'ailleurs réellement sans utilité; mais, comme il est manifeste que l'autorisation de juger les jours de dimanches et de fêtes n'est accordée aux juges de paix que par exception et pour les cas urgents, nous voudrions que cela fût consacré par le texte même de la loi. Nous en dirons autant de la faculté qu'ont ces magistrats de donner audience dans leur demeure; il nous paraît utile de disposer que cette dérogation au principe général ne peut trouver sa justification que dans des circonstances exceptionnelles.

TEXTES

Art. 9 du Code de procédure civile.	Art. 58 du projet de loi.	Art. 58. Rédaction proposée.
Au jour fixé par la citation, ou convenu entre les parties, elles comparaîtront en personne ou par leurs fondés de pouvoir, sans qu'elles puissent faire signifier aucune défense.	Au jour fixé par la citation, ou convenu entre les parties, elles comparaîtront en personne ou par leurs fondés de pouvoir, sans qu'elles puissent faire signifier aucune défense.	Au jour fixé, soit par le billet d'avertissement, soit par la citation, ou convenu entre les parties, elles comparaîtront en personne ou par leurs mandataires munis de pouvoirs écrits, timbrés et enregistrés.

OBSERVATIONS

Nous devons d'abord rappeler ici que, dans nos observations sur l'article 11 du projet de loi (article 8 de notre rédaction) (1), nous avons proposé de supprimer la citation dans tous les cas où, les deux parties ayant comparu sur le billet d'avertissement, aucune conciliation ne s'en est suivie. Par voie de conséquence, nous proposons de modifier, comme on vient de le voir, la première partie de la disposition que nous examinons en ce moment.

L'article 9 du Code de procédure civile qui, dans sa partie finale, veut que les parties ne puissent *faire signifier aucune défense*, rappelle la disposition de l'article 1er du titre III de la loi du 18-26 octobre 1790, qui interdisait de *fournir aucunes écritures*. Or, la même prohibition est renouvelée dans l'article 58 du projet, et cela sans grande utilité, croyons-nous.

Le législateur de 1790, et après lui celui de 1806, ont eu pour but de simplifier le plus pos-

(1) Voir la première partie de cette Étude, p. 17 à 19.

sible la procédure des justices de paix et d'éviter des frais inutiles. Mais une partie a quelquefois intérêt à notifier certains actes conservatoires ou protestatoires, ayant le caractère de défense à l'action intentée contre elle. En interdisant de signifier aucune défense, la loi, assurément, n'a pu vouloir, à l'avance et d'une manière absolue, frapper de discrédit tout acte de cette nature; son but unique est d'empêcher qu'un tel acte ne soit pris en considération et qu'il ne soit admis en taxe si son utilité n'est pas péremptoirement démontrée. Or, le juge de paix, ce nous semble, doit être investi à cet égard du pouvoir d'apprécier, suivant les circonstances, le caractère de l'acte qui serait produit devant lui, et de décider s'il doit ou non être écarté. La prohibition dont il s'agit, faite d'une manière générale et absolue comme nous venons de le dire, présente donc des inconvénients, et nous croyons qu'elle doit être retranchée du texte de notre article.

D'un autre côté, aucune loi n'a déterminé la forme que doivent revêtir les mandats qui sont produits à l'audience, de sorte que l'on s'est demandé si le pouvoir doit être authentique, s'il suffit d'un simple sous seing privé, ou même si le juge de paix peut admettre une partie à se faire représenter en vertu d'un mandat purement verbal.

Pour lever toute espèce de doute à cet égard, nous proposons de consacrer par un texte formel une règle que la pratique a consacrée depuis longtemps déjà et dont l'application a toujours été recommandée par les instructions émanant de la chancellerie ou des parquets, en disposant que le pouvoir devra être écrit et revêtu de la double formalité du timbre et de l'enregistrement.

TEXTES

Art. 18 de la loi du 25 mai 1838.	Art. 59 du projet de loi.	Art. 59. Rédaction proposée.
Dans les causes portées devant la justice de paix, aucun huissier ne pourra ni assister comme conseil, ni représenter les parties en qualité de procureur fondé, à peine d'une amende de 25 à 50 francs, qui sera prononcée sans appel par le juge de paix.	Dans les causes portées devant la justice de paix, aucun huissier ne pourra ni assister comme conseil, ni représenter les parties en qualité de mandataire, à peine d'une amende de 25 à 50 francs, qui sera prononcée sans appel par le juge de paix.	Dans les causes portées devant la justice de paix, aucun huissier ne pourra ni assister comme conseil, ni représenter les parties en qualité de mandataire, à peine d'une amende de 25 à 50 francs, qui sera prononcée sans appel par le juge de paix.
Ces dispositions ne seront pas applicables aux huissiers qui se trouveront dans l'un des cas prévus par l'art. 86 du Code de procédure civile.	Ces dispositions ne seront pas applicables aux huissiers qui se trouveront dans l'un des cas prévus par l'art. 86 du Code de procédure civile.	Cette disposition ne sera pas applicable aux huissiers qui se trouveront dans l'un des cas prévus par l'art. 86 du Code de procédure civile.
Art. 19 de la même loi.	En cas d'infraction aux dispositions qui précèdent, le juge de paix pourra défendre aux huissiers du canton de citer devant lui pendant un délai de quinze jours à trois mois, sans appel et sans préjudice de l'action disciplinaire des tribunaux et des dommages-intérêts des parties, s'il y a lieu.	**Art. 60. Rédaction proposée.**
En cas d'infraction aux dispositions des art. 16, 17 et 18, le juge de paix pourra défendre aux huissiers du canton de citer devant lui, pendant un délai de quinze jours à trois mois, sans appel et sans préjudice de l'action disciplinaire des tribunaux, et des dommages-intérêts des parties, s'il y a lieu.		En cas d'infraction à la prohibition contenue en l'article précédent et aux prescriptions de l'art. 53 ci-dessus, le juge de paix pourra défendre aux huissiers contrevenants de citer devant lui pendant un temps qui ne pourra être moindre de quinze jours ni excéder trois mois, sans appel, et sans préjudice de l'action disciplinaire des tribunaux, et des dommages-intérêts des parties, s'il y a lieu.

OBSERVATIONS

Les dispositions que renferme l'article 59 du projet de loi sont la reproduction de celles des articles 18 et 19 de la loi du 25 mai 1838 réunies.

Il convient de remarquer tout d'abord que la pénalité établie par le premier paragraphe de notre article (art. 18) est applicable à tous huissiers contrevenants, tandis que celle édictée par le troisième paragraphe ne peut être prononcée que contre les huissiers du canton (art. 19).

Nous admettons, à la rigueur, cette distinction sous l'empire des textes actuels qui limitent ou plutôt semblent limiter le fonctionnement des huissiers dans le ressort de la justice de paix où se trouve placée leur résidence; mais, en présence de l'article 53 du projet qui établit très-explicitement la concurrence entre tous les huissiers des divers cantons dont une même ville est le siége, nous ne comprendrions pas pourquoi le juge de paix n'aurait pas la même action sur tous, et nous comprendrions moins encore qu'à raison d'une même infraction commise, l'un d'eux pût, par cela seul que sa résidence est fixée en dehors d'un canton où il a pourtant le droit d'instrumenter, échapper à une pénalité à laquelle l'autre est nécessairement soumis.

Il est une autre observation qui doit trouver sa place ici :

La pénalité établie par l'article 19 de la loi de 1838 qui, d'après le projet de loi, ne serait plus applicable désormais qu'au fait de la part d'un huissier d'assister ou de représenter une partie devant la justice de paix, réprime en outre aujourd'hui l'infraction qui pourrait être commise à la disposition de l'article 16 qui prescrit aux huissiers de faire le service des audiences et d'assister le juge de paix toutes les fois qu'ils en sont requis. Or, cette disposition, que reproduit l'article 53 du projet de loi (V. *suprà*), se trouverait à l'avenir dépourvue de sanction si la rédaction du troisième paragraphe de l'article 59 était maintenue.

Nous proposons donc les modifications suivantes :

1° Déclarer la peine facultative de la suspension applicable tout à la fois aux infractions dont peuvent être l'objet la prohibition de l'article 59 et les prescriptions contenues en l'article 53 ;

2° Étendre cette pénalité à tous les huissiers des divers cantons dans lesquels cet article leur accorde le droit d'instrumenter ;

3° Enfin faire de la disposition du troisième paragraphe de l'article 59, ainsi modifiée, un article distinct et particulier qui deviendrait alors l'article 60 du projet.

TEXTES

Code de procédure civile.	Art. 60 du projet.	Art. 61. Rédaction proposée.
Art. 10. Les parties seront tenues de s'expliquer avec modération devant	Seront applicables les dispositions du Code de procédure civile relatives	Les parties seront tenues de s'expliquer avec modération devant le

<table>
<tr><td valign="top" width="33%">

le juge, et de garder en tout le respect qui est dû à la justice ; si elles y manquent, le juge les y rapellera d'abord par un avertissement ; en cas de récidive, elles pourront être condamnées à une amende qui n'excédera pas la somme de 10 francs, avec affiches du jugement, dont le nombre n'excédera pas celui des communes du canton.

Art. 11. Dans le cas d'insulte ou irrévérence grave envers le juge, il en dressera procès-verbal, et pourra condamner à un emprisonnement de trois jours au plus.

Art. 12. Les jugements, dans les cas prévus par les précédents articles, seront exécutoires par provision.

</td><td valign="top" width="33%">

à la publicité et à la police des audiences, et celles des art. 504, 505 et 506 du Code d'instruction criminelle.

</td><td valign="top" width="33%">

juge, et de garder en tout le respect qui est dû à la justice ; si elles y manquent, le juge les y rappellera d'abord par un avertissement ; en cas de récidive, elles pourront être condamnées à une amende qui n'excédera pas 15 francs.

Dans les cas d'insulte ou d'irrévérence grave envers le juge, il pourra condamner ceux qui l'auront commise à un emprisonnement de cinq jours au plus.

Le juge de paix pourra, en outre, dans l'un ou l'autre des cas ci-dessus, ordonner que son jugement soit affiché à un nombre d'exemplaires qui ne pourra excéder vingt-cinq ; et, s'il s'agit d'un canton rural. le nombre des communes de ce canton.

Seront, en outre, applicables en justice de paix, les dispositions du Code de procédure civile relatives à la publicité et à la police des audiences, et celles des art. 504, 505 et 506 du Code d'instruction criminelle.

</td></tr>
</table>

OBSERVATIONS

Les dispositions du Code de procédure auxquelles il est ici renvoyé sont celles de l'article 87 concernant la publicité des débats et du jugement, et celles des articles 88, 89, 90, 91 et 92 relatifs à la police de l'audience.

I. — *Huis-clos et publicité des audiences.*

Sous l'empire de la législation actuelle on s'est demandé si les juges de paix sont investis du pouvoir d'ordonner le huis-clos, tout aussi bien que les Cours impériales et les Tribunaux civils d'arrondissement auxquels ce pouvoir est explicitement conféré par l'article 87 sus-rappelé. Cette question, que la Cour de cassation a affirmativement résolue par deux arrêts des 9 juillet 1825 et 17 janvier 1829, ne pourrait plus se présenter à l'avenir, cet article, ainsi que nous venons de le dire, étant rendu applicable aux audiences et aux jugements des justices de paix. Ajoutons qu'en règle générale, la publicité des audiences des Tribunaux est prescrite, non-seulement par l'article 87 du Code de procédure civile, mais encore par l'article 7 de la loi sur l'organisation judiciaire, du 20 avril 1810.

II. — *Police de l'audience.*

L'article 60 du projet de loi se borne à rendre applicable aux justices de paix les dispositions du Code de procédure (art. 88 à 92) et celles des articles 504, 505 et 506 du Code d'instruction criminelle relatives à la police des audiences et à la répression des délits qui peuvent y être commis.

Le projet ne reproduit pas les articles 10 et 11 du Code de procédure civile dont les dispositions se trouveraient, dès lors, frappées d'abrogation.

Cette abrogation des articles 10 et 11 résulterait déjà, à la vérité, de deux arrêts de la chambre criminelle de la Cour de cassation, des 26 janvier et 3 août 1854, qui ont décidé que les articles 504 et 505 du Code d'instruction criminelle, en accordant aux magistrats des pouvoirs plus étendus que les articles 10 et 11 précités, en ce qui concerne les juges de paix, et que les articles 90 et 91, quant aux Tribunaux civils de première instance, ont en cela virtuellement abrogé les dispositions des dits articles.

Mais cette doctrine de l'abrogation, en tant du moins qu'elle s'applique aux articles 10 et 11, nous a toujours paru erronée. Les articles 504 à 506 du Code d'instruction, et les articles 88 à 92 du Code de procédure, plus spécialement relatifs d'ailleurs aux assistants, ont pour but de punir les excitations au tumulte accompagnées ou non d'injures ou de voies de fait, ainsi que les outrages et menaces dont les magistrats pourraient être l'objet, tandis que les articles 10 et 11, exclusivement applicables aux parties en cause, se sont occupés seulement de réprimer les irrévérences qu'elles peuvent commettre et les simples manquements lorsqu'ils sont réitérés, ce qui est bien différent. Donc, à notre avis, les dispositions des articles 10 et 11 et celles des articles 504, 505 et 506 coexistent sans se neutraliser, elles se complètent même, et sont les unes ou les autres susceptibles d'application selon la gravité de l'offense qui a été commise. Ajoutons qu'un arrêt plus récent rendu par la Cour suprême, en audience solennelle, le 25 juin 1855, a formellement repoussé la doctrine de la chambre criminelle en décidant que l'article 505 du Code d'instruction, dont l'unique objet est d'établir une compétence et des formes spéciales pour le jugement des délits d'audience, ne contient pas la nomenclature complète des infractions qui peuvent rentrer dans cette catégorie, et qui sont prévues et punies par d'autres lois; que, dès lors, *il n'y a rien d'incompatible avec le maintien de l'article 11 du Code de procédure civile* qui reste applicable au cas où le fait ne constitue qu'une irrévérence grave envers le juge de paix. Un autre arrêt du 24 mai 1862 proclame de nouveau le maintien et l'applicabilité des articles 10 et 11. Or, il nous semble que ce maintien et cette applicabilité doivent être consacrés par la reproduction du texte de ces articles dans le projet de loi : autrement les manquements de respect et les irrévérences plus graves pourraient rester sans répression.

Toutefois quelques modifications à ce texte nous paraissent utiles :

Premièrement. — Le taux de l'amende pourrait être porté jusqu'à 15 francs, et celui de l'emprisonnement jusqu'à cinq jours, puisque ces *maxima* sont ceux des pénalités dont les Tribunaux de simple police sont autorisés à faire l'application en vertu de l'article 137 du Code d'instruction criminelle.

Secondement. — L'affiche du jugement, que la loi ne permet d'ordonner qu'au cas de l'article 10 (manquement de respect) nous semble devoir être autorisée *à fortiori*, lorsqu'il s'agit de l'infraction plus grave, l'irrévérence prévue par l'article 11.

Troisièmement. — Dans les cantons qui ne sont composés que d'une seule commune, de même que dans les villes divisées en plusieurs arrondissements, comme celle de Paris, par exemple, une seule affiche serait manifestement insuffisante pour assurer la publicité que la loi a voulu donner au jugement de condamnation. On pourrait donc fixer au maximum de vingt-cinq le nombre des affiches qui devraient être placardées dans les cantons ou arrondissements dont nous venons de parler.

Faisons remarquer, en terminant, que nous n'avons pas reproduit la disposition de l'article 12 du Code de procédure d'après laquelle les décisions dont il s'agit sont exécutoires par provision, et voici pourquoi : lorsque le jugement est susceptible d'appel, la partie condamnée doit pouvoir exercer librement cette voie de recours. Or, n'est-il pas évident que l'appel n'a plus de raison d'être après que cette partie a subi la peine de l'emprisonnement, ou quand il a été donné, par voie d'affiche, de la publicité au jugement de condamnation ?

TEXTES

Art. 13 du Code de procédure.	Art. 61 du projet de loi.	Art. 62. Rédaction proposée.
Les parties ou leurs fondés de pouvoir seront entendus contradictoirement. La cause sera jugée sur-le-champ ou à la première audience ; le juge, s'il le croit nécessaire, se fera remettre les pièces.	Les parties ou leurs fondés de pouvoirs seront entendus contradictoirement. La cause sera jugée sur-le-champ ou à la première audience ; le juge, s'il le croit nécessaire, se fera remettre les pièces.	Les parties ou leurs fondés de pouvoirs seront entendus contradictoirement. La cause sera jugée sur-le-champ ou à la première audience ; le juge, s'il le croit nécessaire, se fera remettre les pièces.

OBSERVATIONS

Cette disposition est la copie textuelle de celle de l'article 13 du Code de procédure civile, lequel a lui-même remplacé l'article 7, titre III, de la loi du 14-26 octobre 1790, qui voulait que, sauf le cas qu'il avait pris le soin de déterminer, la cause fût jugée sur-le-champ.

Malgré les termes dans lesquels sont conçues ces dispositions, le législateur entend que, dans tous les cas, le juge de paix prenne le temps nécessaire pour éclairer sa religion ; il exige une justice prompte, mais non précipitée.

La rédaction de notre article ne nous paraît susceptible d'aucune modification.

TEXTES

Art. 14 du Code de procédure.	Art. 62 du projet de loi.	Art. 63. Rédaction proposée.
Lorsqu'une des parties déclarera vouloir s'inscrire en faux, déniera l'écriture ou déclarera ne pas la reconnaître, le juge lui en donnera acte : il parafera la pièce et renverra la cause devant les juges qui doivent en connaître.	Lorsqu'une des parties déclarera vouloir s'inscrire en faux, déniera l'écriture ou déclarera ne pas la reconnaître, le juge lui en donnera acte ; il parafera la pièce et renverra la cause devant les juges qui doivent en connaître.	Lorsqu'une des parties déclarera vouloir s'inscrire en faux, déniera l'écriture ou déclarera ne pas la reconnaître, le juge lui en donnera acte ; il parafera la pièce, renverra l'incident devant le tribunal qui doit en connaître, et fixera le délai dans lequel la partie devra faire procéder à la vérification.

OBSERVATIONS

L'article 62 reproduit textuellement l'article 14 du Code de procédure actuel.

S'inscrire en faux, c'est passer une déclaration judiciaire dans laquelle on soutient qu'une pièce est fausse ou falsifiée, et par laquelle on contracte l'obligation de le prouver.

Dénier l'écriture d'un acte ou *la signature* qui y est apposée, c'est prétendre que cette écriture ou cette signature ne sont pas celles de la partie à laquelle elles sont opposées ou de la personne que cette partie représente.

Quant à la *non-reconnaissance*, elle diffère de la dénégation qui est toujours affirmative, en ce qu'elle laisse subsister un doute sur la possibilité que la pièce produite soit réellement l'œuvre de celui auquel on l'attribue.

Or, la procédure relative à la vérification des écritures et au faux incident, réglée par les articles 193 à 251 du Code de procédure civile, ne peut être instruite et suivie que devant le Tribunal d'arrondissement. C'est pourquoi notre article, de même que l'article 14, exige qu'après avoir parafé la pièce arguée de faux ou dont l'écriture est déniée ou méconnue, le juge de paix renvoie la cause devant les juges qui doivent en connaître. Mais ces expressions : *la cause*, sont inexactes et donnent à la loi une portée qu'elle ne saurait avoir. En effet, ce n'est point la cause, c'est-à-dire le différend qui doit être renvoyé au Tribunal, mais l'incident seulement, c'est-à-dire la procédure en vérification ; le juge de paix reste nécessairement saisi du litige principal sur lequel il ne cesse pas d'avoir compétence pour prononcer après le jugement de l'incident.

Quelques jurisconsultes, au nombre desquels il faut placer Curasson, ont soutenu toutefois que, dans l'hypothèse dont il s'agit, la cause entière, l'incident et le fond, doit être renvoyée devant le Tribunal. Mais cette doctrine, combattue par la généralité des auteurs, a été repoussée, de la manière la plus expresse, par un arrêt de la Cour impériale de Caen, du 30 avril 1855.

Quoi qu'il en soit, et pour faire cesser toute difficulté d'interprétation, il est indispensable que le texte de notre article soit rendu plus intelligible et plus précis. La rédaction que nous proposons atteindra, croyons-nous, ce résultat.

TEXTES

Art. 18 du Code de procédure civile.	Art. 63 du projet de loi.	Art. 64. Rédaction proposée.
Les minutes de tout jugement seront portées par le greffier sur la feuille d'audience, et signées par le juge qui aura tenu l'audience et par le greffier.	La minute du jugement contient : 1° les noms des parties ; 2° les questions à résoudre ; 3° les motifs ; 4° le dispositif ; 5° la date de la prononciation du jugement ; 6° et la mention qu'il a été prononcé publiquement. Cette minute est portée par le greffier sur la feuille d'audience. Elle est,	La minute du jugement contient : 1° les noms, profession et demeure des parties, et les qualités dans lesquelles elles procèdent ; 2° les questions à résoudre ; 3° les motifs ; 4° le dispositif ; 5° la date de la prononciation du jugement ; 6° le nom et la qualité du juge qui l'a rendu ; 7° et la mention

dans les trois jours, signée par le juge qui a tenu l'audience et par le greffier. Si le juge qui a tenu l'audience est dans l'impossibilité d'apposer sa signature, la minute sera signée par un des magistrats de la justice de paix, pourvu toutefois que le juge empêché ait reconnu devant lui l'exactitude du jugement porté sur la feuille, ce dont il sera fait mention sur la minute. A défaut de magistrat de la justice de paix, la minute sera, après l'accomplissement des formalités ci-dessus, signée par un juge de paix désigné par le président du tribunal de l'arrondissement sur la réquisition du ministère public.

Si le juge de paix qui a tenu l'audience est dans l'impossibilité de faire la déclaration, le jugement sera considéré comme non-existant, et la cause jugée de nouveau sur les derniers errements de la procédure.

Dans le cas où le greffier serait dans l'impossibilité de signer, il suffira que le juge en fasse mention en signant le jugement.

qu'il a été prononcé publiquement. Cette minute est portée par le greffier sur la feuille d'audience.

Art. 65. Rédaction proposée.

La minute de tout jugement doit être signée, dans les trois jours, par le juge qui a tenu l'audience et par le greffier.

Si le juge qui a tenu l'audience est dans l'impossibilité d'apposer sa signature, la minute sera signée par un des magistrats de la justice de paix, après toutefois que le juge empêché a reconnu devant lui l'exactitude du jugement, ce dont il sera fait mention par le magistrat signataire. A défaut de magistrat de la justice de paix, la minute sera, après l'accomplissement de cette formalité, signée par un juge de paix désigné par le président du tribunal de l'arrondissement sur la réquisition du ministère public.

Si le juge qui a tenu l'audience est dans l'impossibilité de faire la déclaration, le jugement sera considéré comme non existant, et la cause sera jugée de nouveau, soit à la demande de la partie intéressée, soit d'office ou sur la réquisition du ministère public, parties présentes ou appelées sans frais, par un simple billet d'avertissement. Le jugement sera rendu sur les derniers errements de la procédure ou après une instruction nouvelle, si le magistrat croit nécessaire d'y recourir; ce jugement, même dans le premier cas, sera par défaut ou contradictoire selon qu'une seule des parties ou toutes deux auront comparu.

Dans le cas où le greffier serait dans l'impossibilité de signer, il suffira que le juge en fasse mention en signant lui-même le jugement.

OBSERVATIONS

Ainsi qu'on vient de le voir, l'article 18 du Code de procédure se borne à prescrire que les minutes des jugements soient portées sur la feuille d'audience et revêtues de la signature du juge et de celle du greffier. La disposition du projet de loi destinée à remplacer cet article, beaucoup plus complète, reproduit en partie celles des articles 138 et 141 du Code précité, relatives aux jugements rendus par les Tribunaux d'arrondissement, et exige, en outre, que la minute contienne la date de la prononciation du jugement et la mention qu'il a été rendu en audience publique. C'est l'application de la règle générale d'après laquelle les actes doivent renfermer en eux-mêmes la preuve de leur régularité.

L'article 63 du projet se borne à prescrire que la minute de chaque jugement mentionne les noms des parties, et l'article suivant exige que l'expédition contienne leurs noms, profession et demeure ainsi que leurs qualités : il nous semble utile que ces énonciations trouvent place, non-seulement au plumitif d'audience, mais aussi dans le corps même du jugement. Nous en dirons autant du nom et de la qualité du magistrat par lequel le jugement est rendu : ce nom et cette qualité doivent figurer sur la minute aussi bien que sur la copie.

Notre article contient, dans ses deuxième, troisième et quatrième paragraphes, des dispositions qui ne sont point entièrement nouvelles, dispositions fort sages d'ailleurs et ayant pour but d'assurer la régularisation de toute décision à laquelle le juge dont elle émane ou le greffier qui a tenu la plume se trouve dans l'impossibilité d'apposer sa signature. Nous disons que ces dispositions ne sont pas entièrement nouvelles ; en effet, elles ont été puisées dans les articles 37 et 74 de la loi du 30 mars 1808, relatifs, l'un aux Cours impériales, l'autre aux Tribunaux d'arrondissement, et dont, à défaut de texte spécial et par raison d'analogie, il est fait application aux justices de paix en ce que les prescriptions de ces articles ont de compatible avec cette juridiction.

Dans le cas prévu par le deuxième paragraphe, le jugement devant recevoir la signature d'un magistrat autre que celui qui l'a rendu, sur la déclaration d'exactitude faite par celui-ci, l'application de ce paragraphe ne saurait présenter de difficulté. Mais il en est tout autrement à l'égard de la disposition du troisième paragaphe : la cause sera jugée de nouveau sur les derniers errements de la procédure, y est-il dit. *La cause sera jugée de nouveau.* Est-ce en présence des parties ou elles dûment appelées ? Nous pensons que la réponse ne peut être qu'affirmative, et alors est-ce par citation ou par simple avertissement que l'intimation doit être faite ? L'initiative doit-elle être prise par la partie qui a obtenu gain de cause, ou d'office par le magistrat chargé de prononcer à nouveau sur le litige, ou encore sur les réquisitions du ministère public ? Si l'une des parties est décédée, c'est là une sorte de reprise d'instance : n'y a-t-il pas lieu d'appeler ses héritiers ou ayants-cause ? Si la partie intimée ne comparaît pas, le nouveau jugement est-il par défaut, encore que la première décision ait été contradictoire ? Ce n'est pas tout. Ce jugement doit être rendu *sur les derniers errements de la procédure.* Or, il arrive très-fréquemment que ces errements n'existent pas ou que, s'ils existent, ils n'ont été l'objet d'aucune constatation régulière.

S'il a été procédé à une expertise et qu'il ait été dressé un rapport, on conçoit que ce rapport puisse servir de base à la décision. Il faut en dire autant du cas où, une visite de lieux ayant été effectuée, le procès-verbal de constatation qui a été rédigé fournit au juge des éléments d'appréciation suffisants ; mais peut-il en être de même alors que, des témoins ayant été entendus, leurs dépositions ont été recueillies sur le plumitif ? Le nouveau juge devra-t-il, pour statuer, s'en référer exclusivement à ces dépositions, bien qu'on sache que l'attitude, l'aisance ou l'embarras des témoins, la spontanéité de leurs déclarations ou leurs réticences, la physionomie de l'enquête enfin, fasse infiniment plus que les déclarations elles-mêmes pour éclairer la religion du juge et porter la conviction dans son esprit. Quoi qu'il en soit, dans la généralité des cas, la décision intervient sans enquête, sans expertise, sur les seules explications fournies par les parties et dont il ne reste aucune trace. Force est donc, dans ces cas, de recommencer l'instruction.

La rédaction que nous proposons de substituer à celle du troisième paragraphe de l'article qui fait en ce moment l'objet de notre examen, ne préviendra point assurément toute difficulté ; mais nous avons l'espoir que, plus complète, plus explicite et plus précise, elle éclairera mieux la marche du magistrat dans l'application de la règle que le législateur entend édicter.

De plus, outre quelques légères modifications de détail dont la simple lecture suffit à démontrer l'utilité, nous proposons, ainsi qu'on l'a vu, de scinder les dispositions ci-dessus en deux articles distincts, l'un consacré aux prescriptions relatives à la rédaction des jugements et aux énonciations qu'ils doivent contenir, l'autre concernant l'accomplissement des formalités destinées à assurer la signature dont ces actes doivent être revêtus.

TEXTES

Art. 64 du projet de loi.

L'expédition du jugement ne pourra être délivrée par le greffier avant qu'il ait été signé, sous les peines qui seront encourues en pareil cas par les greffiers des tribunaux civils.

Elle contiendra : 1° les noms, professions et demeures des parties et les qualités dans lesquelles elles procèdent ; 2° l'exposé sommaire des faits du procès ; 3° le dispositif des conclusions des parties ; 4° la partie de la minute du jugement mentionnée aux n°s 2, 3 et 4 du premier alinéa de l'article précédent ; 5° le nom du magistrat qui l'a rendu.

Les énonciations prescrites par les n°s 1, 2 et 3 du présent article seront rédigées par le greffier d'après les exploits et d'après le relevé porté par le greffier sur son plumitif. Ce relevé devra être, dans les trois jours du jugement, examiné et visé par le juge. Les parties pourront se retirer devant le juge pour s'entendre ou pour être réglées sur cette rédaction, le tout sans frais.

Art. 66. Rédaction proposée.

L'expédition du jugement ne pourra être délivrée par le greffier avant qu'il n'ait été signé, sous les peines encourues, en pareil cas, par les greffiers des tribunaux civils d'arrondissement.

Elle contiendra, outre la copie de la minute du jugement, l'exposé sommaire des faits du procès, et le dispositif des conclusions des parties.

Ces dernières énonciations seront rédigées par le greffier, d'après celles contenues aux exploits et d'après le relevé porté au plumitif d'audience, lequel devra être, dans les trois jours de la prononciation du jugement, examiné par le juge, qui le visera après avoir appelé et entendu les parties s'il le croit utile, le tout sans frais.

OBSERVATIONS

La première disposition de cet article intime aux greffiers de justice de paix la même défense que celle qui est faite aux greffiers des tribunaux civils d'arrondissement par l'article 139 du Code de procédure.

Quant aux deux autres dispositions, elles sont relatives aux énonciations que doit contenir l'expédition des jugements. Les modifications que nous avons proposé d'apporter au texte de l'article qui précède commandent logiquement celles dont le présent article doit être l'objet.

D'une part, les énonciations contenues aux numéros 1er et 5 seraient reproduites du jugement lui-même et non du relevé porté au plumitif. En outre, nous regarderions comme un grave inconvénient d'accorder aux parties le droit de se retirer devant le juge, toutes les fois qu'elles le croiraient utile, pour être réglées sur la rédaction du relevé dont il s'agit. Conçoit-on qu'après les avoir entendues dans leurs explications, après avoir prononcé définitivement sur le litige, ce magistrat doive, forcément et à leur seule réquisition, les entendre de nouveau sur le règlement du point de fait et sur le dispositif de leurs conclusions ! Pour peu que le nombre des affaires portées au rôle atteigne un certain chiffre, le juge de paix n'y suffirait assurément pas. Que serait-ce donc dans tels et tels arrondissements de Paris, où ce nombre dépasse 3,000 ? Aussi proposons-nous, ainsi qu'on l'a vu, d'autoriser le juge, mais seulement s'il le croit utile, à réentendre les parties avant de régler les divers points dont il s'agit.

TEXTES

<table>
<tr><td>

Loi du 25 mai 1838.

Art. 11. L'exécution provisoire des jugements sera ordonnée dans tous les cas où il y a titre authentique, promesse reconnue, ou condamnation précédente dont il n'y a point eu d'appel.

Dans tous les autres cas, le juge pourra ordonner l'exécution provisoire, nonobstant appel, sans caution, lorsqu'il s'agira de pension alimentaire, ou lorsque la somme n'excédera pas 300 francs, et, avec caution, au-dessus de cette somme.

La caution sera reçue par le juge de paix.

Art. 12. S'il y a péril en la demeure, l'exécution provisoire pourra être ordonnée sur la minute du jugement, avec ou sans caution, conformément aux dispositions de l'article précédent.

</td><td>

Art. 65 du projet de loi.

L'exécution provisoire des jugements sera ordonnée, sans caution, dans tous les cas où il y a titre authentique, promesse reconnue ou condamnation précédente dont il n'y a point eu appel. Dans tous les autres cas, le juge pourra ordonner l'exécution provisoire, nonobstant appel, sans caution, lorsqu'il s'agira de pension alimentaire ou lorsque la somme n'excédera pas 300 francs, et avec caution au-dessus de cette somme. La caution sera reçue par le juge de paix. Dans les cas ci-dessus, s'il y a péril en la demeure, l'exécution provisoire pourra être ordonnée sur la minute du jugement, avec ou sans caution.

</td><td>

Art. 67. Rédaction proposée.

L'exécution provisoire des jugements, nonobstant appel, sera ordonnée, sans caution, dans tous les cas où il y a titre authentique, promesse reconnue ou condamnation précédente suivant jugement passé en force de chose jugée.

Dans tous les autres cas, le juge pourra ordonner l'exécution provisoire, nonobstant appel, sans caution, lorsqu'il s'agira de pension alimentaire, ou lorsque la somme n'excédera pas 300 francs, et, avec caution, au-dessus de cette somme.

La caution sera reçue par le juge de paix, à l'audience, sans l'accomplissement des formalités prescrites par les articles 518 et suivants du Code de procédure civile. Le jugement sera exécutoire nonobstant appel.

S'il y a péril en la demeure, l'exécution provisoire pourra être ordonnée sur la minute du jugement, même avant l'enregistrement, avec ou sans caution, conformément aux dispositions du présent article.

</td></tr>
</table>

OBSERVATIONS

Les dispositions de l'article 65 du projet de loi sont, comme on vient de le voir, la reproduction de celles des articles 11 et 12 de la loi du 25 mai 1838, avec l'addition des mots : *sans caution,* qui avaient été omis dans le premier paragraphe de l'article 11, mais que la raison avait suppléés.

Il est une autre omission contenue au même paragraphe, et que le projet de loi omet de réparer. Expliquons-la. On reconnaît qu'en ce qui concerne les jugements des justices de paix, l'exécution provisoire ne peut être ordonnée que nonobstant l'appel ; cette règle est d'ailleurs expressément écrite au second paragraphe dudit article. C'est donc par omission que ces mots : *nonobstant appel* ne figurent pas dans le premier dont le texte forme la première disposition de l'article 65 ; il convient de la réparer. En outre, les expressions : *condamnation précédente dont il n'y a point eu appel,* manquent évidemment d'exactitude, car le jugement qui contient cette condamnation peut parfaitement avoir été frappé d'appel et confirmé. Nous proposons de substituer ce texte : *condamnation précédente passée en force de chose jugée*, qui ne laisse place à aucune équivoque.

La disposition du troisième paragraphe de l'article 11 de la loi de 1838, qui porte que la caution sera reçue par le juge de paix, a mis fin à la controverse qui existait entre les auteurs sur le mode d'application de l'article 17 du Code de procédure, remplacé par ledit article 11, mais elle n'a tracé aucune règle pour la réception des cautions. Or, l'article 65 du projet de loi, en la reproduisant, imite son laconisme.

Il est manifeste que la caution doit être reçue à l'audience purement et simplement, sans l'accomplissement des formalités prescrites aux autres Tribunaux par les articles 518 et suivants du Code de procédure : ainsi, point d'écritures, point de dépôt préalable ni de communication au greffe des titres établissant la solvabilité de la caution ; point de soumission autre que la déclaration que cette caution vient faire à l'audience en produisant ses titres, s'il en est exigé, au juge qui les examine séance tenante et donne acte de l'acceptation, s'il y a lieu, sinon entend les parties ainsi que la caution elle-même en leurs explications, et prononce sur l'admissibilité. Or, nous avons cru qu'il était utile de faire une addition à cette partie de l'article 65, afin qu'il soit bien entendu que la réception des cautions en justice de paix est exempte des formalités ordinaires. Nous avons pensé aussi qu'il y avait lieu de reproduire la disposition finale de l'article 521 du Code de procédure, d'après laquelle les jugements sur réception de cautions doivent être exécutés nonobstant l'appel, disposition qui a toujours été considérée comme étant de droit commun.

La dernière disposition de notre article porte : *dans les cas ci-dessus, s'il y a péril en la demeure, l'exécution provisoire pourra être ordonnée sur la minute du jugement, avec ou sans caution*. Nous préférons le texte de l'article 12 de la loi de 1838 dont la précision ne laisse rien à désirer, proposant, toutefois, d'ajouter que l'exécution sur minute peut avoir lieu même avant l'enregistrement.

TITRE III

Des Jugements par défaut, et des Oppositions à ces Jugements.

TEXTES

Art. 19 du Code de procédure.	Art. 66 du projet de loi.	Art. 68. Rédaction proposée.
Si, au jour indiqué par la citation, l'une des parties ne comparaît pas, la cause sera jugée par défaut, sauf la réassignation dans le cas prévu dans le dernier alinéa de l'art. 5.	Si, au jour indiqué par la citation, l'une des parties ne comparaît pas, la cause sera jugée par défaut immédiatement ou à une prochaine audience, sauf la réassignation dans le cas prévu au dernier alinéa de l'art. 55.	Si, au jour indiqué par la citation ou fixé par le juge, l'une des parties ne comparaît pas, la cause sera jugée par défaut immédiatement ou à une prochaine audience, sauf la réassignation dans le cas prévu au dernier alinéa de l'art. 55, et les conclusions de la partie qui requiert le défaut seront adjugées, si elles se trouvent justes et bien vérifiées.

OBSERVATIONS

De même que l'article 19 du Code de procédure civile, dont il reproduit la disposition, l'article 66 du projet de loi parle seulement du jour indiqué par la citation. Néanmoins, le jour de l'audience peut quelquefois être fixé, non par citation, mais sur comparution volontaire des parties, par le procès-verbal dressé en exécution de l'article 24 du projet de loi (article 26 de notre rédaction) (1). D'un autre côté, les parties ont pu comparaître déjà, et le juge peut avoir continué la cause à une audience subséquente, soit pour entendre leurs explications ou examiner les documents qu'elles ont à produire, soit pour accomplir une mesure d'instruction reconnue utile à la manifestation de la vérité. Dans ces divers cas, si le défendeur s'abstient de comparaître à cette audience, le jugement qui intervient est un jugement par défaut. Il n'est donc pas inutile de modifier ainsi la première partie de l'article 66 du projet : « Si, au jour indiqué par la citation, *ou fixé par le juge*, etc. »

Il est universellement admis que, quand c'est le défendeur qui ne comparaît pas, le juge de paix doit faire application de la disposition de l'article 150 du Code de procédure civile d'après laquelle les conclusions du demandeur ne doivent lui être adjugées qu'autant qu'elles sont trouvées justes et bien vérifiées. Puisqu'il en est ainsi, nous proposons de compléter par cette disposition le texte dudit article 66.

TEXTE

Article 69. (*Disposition nouvelle.*)

Dans le cas où, plusieurs parties ayant été citées, les unes font défaut et les autres comparaissent, le profit du défaut sera joint, et les parties défaillantes seront appelées de nouveau à une prochaine audience par une citation qui énoncera la jonction. Il sera ensuite statué par un seul jugement qui ne sera pas susceptible d'opposition.

OBSERVATIONS

L'article 153 du Code de procédure civile, prévoyant le cas où, plusieurs parties étant assignées, les unes font défaut et les autres comparaissent, exige que le profit du défaut soit joint préalablement à la décision sur le fond, et que la cause soit appelée à une audience subséquente et après notification du jugement de défaut-joint contenant réassignation à la partie défaillante.

Or, la question de savoir si la disposition de cet article doit être étendue aux justices de paix est l'objet d'une vive controverse. De nombreuses et imposantes autorités, se fondant sur le si-

(1) Voir la première partie de cette Etude, page 55.

lence de l'article 19 à cet égard, ont adopté la négative. D'autres autorités, nombreuses aussi et non moins imposantes, soutiennent, au contraire, que c'est là une disposition de droit commun tendant tout à la fois à simplifier la procédure et à prévenir la contrariété des décisions, et que, dès lors, il y a lieu de la déclarer applicable aux causes portées devant le juge de paix.

Cette dernière doctrine nous semble parfaitement rationnelle. Supposons, en effet, une demande intentée par un débiteur principal, qui comparaît, et contre sa caution, qui fait défaut. Si le juge de paix prononce immédiatement sur le fond, étant donné que le débiteur ne nie pas l'existence de la dette, les deux défendeurs sont condamnés au paiement. Admettons maintenant que, sur l'opposition, la caution justifie s'être libérée intégralement ou pour partie, le jugement, subsistant relativement au débiteur principal, sera nécessairement annulé ou modifié à l'égard de la caution. Or, c'est là une contradiction que la jonction du profit du défaut et la réassignation ont autant que possible pour but de prévenir. Le texte de l'article précédent porte, à la vérité, que la cause sera jugée par défaut *immédiatement ou à une prochaine audience*, expressions que ne contient pas l'article 19 du Code de procédure, mais cela ne fait pas, croyons-nous, disparaître l'inconvénient, car une simple remise de cause, qui serait ignorée de la partie défaillante, ne saurait équivaloir à une réassignation.

C'est pourquoi nous proposons d'introduire au projet de loi une disposition analogue à celle de l'article 153 du Code de procédure, et qui deviendrait l'article 69 (de notre rédaction). Seulement il convient de limiter la procédure à ce qui est strictement nécessaire. Point de levée du jugement de défaut-joint, point de signification de ce jugement ; tout se borne à une réassignation de la partie défaillante énonçant la jonction.

TEXTES

Art. 20 du Code de procédure.

La partie condamnée par défaut pourra former opposition dans les trois jours de la signification faite par l'huissier du juge de paix, ou autre qu'il aura commis.

L'opposition contiendra sommairement les moyens de la partie, et assignation au prochain jour d'audience, en observant toutefois les délais prescrits pour les citations ; elle indiquera les jour et heure de la comparution, et sera notifiée ainsi qu'il est dit ci-dessus.

Art. 67 du projet de loi.

La partie condamnée par défaut pourra former opposition dans les trois jours de la signification faite par l'huissier de la justice de paix ou autre que le juge aura commis. L'opposition contiendra sommairement les moyens de la partie et assignation au prochain jour d'audience, en observant toutefois les délais prescrits pour les citations ; elle indiquera les jour et heure de la comparution.

Art. 70. Rédaction proposée.

La partie condamnée par défaut pourra former opposition avant la signification du jugement ou dans les trois jours de cette signification, laquelle sera faite, soit par l'un des huissiers du canton ou des cantons de la même ville, si le défendeur y est domicilié, soit, dans le cas contraire, par l'huissier que le juge aura commis.

L'opposition contiendra sommairement les moyens de la partie, et citation au prochain jour d'audience, en observant toutefois les délais prescrits pour les citations ; elle indiquera, en outre, le jour et l'heure de la comparution.

Si le jour de la comparution est trop éloigné, le défendeur à l'opposition aura le droit de citer l'opposant à comparaître devant le juge à un délai plus rapproché.

OBSERVATIONS

L'article 67 du projet, qui ne fait en cela que reproduire la disposition de l'article 20 du Code de procédure civile, porte que la partie condamnée par défaut *pourra former opposition dans les trois jours de la signification.*

Il semblerait résulter de ce texte que l'opposition ne peut être formée qu'après que le jugement a été signifié, et c'est même ce qu'ont admis quelques commentateurs du Code de procédure dont la doctrine est repoussée et avec raison d'ailleurs par la généralité des jurisconsultes. En effet, pourquoi la partie condamnée par défaut, si elle a immédiatement connaissance du jugement, serait-elle tenue d'attendre la notification pour accomplir l'acte qui doit en suspendre l'exécution? Pourquoi ne pourrait-elle pas former son opposition aussitôt qu'elle apprend que ce jugement existe? Une opposition, dont le but unique est de le faire légalement connaître à la partie contre laquelle il a été rendu, devient, dans ce cas, un acte entièrement frustratoire, et il doit être dans le vœu de la loi d'en épargner les frais aux parties.

Or, le texte que nous proposons de substituer à la première disposition de l'article 67 du projet fera cesser toute équivoque et préviendra toute difficulté d'interprétation.

On a vu précédemment que l'article 53 accorde à tous les huissiers d'un canton et à ceux des divers cantons d'une même ville le droit de faire *tous les actes devant la justice de paix.* C'est là, comme nous l'avons dit en examinant cet article (V. *suprà*), la consécration du principe de la libre concurrence, principe d'après lequel, non-seulement les citations, mais encore les significations des jugements, puisque la disposition s'applique à *tous les actes*, peuvent être faites par n'importe quel huissier du canton ou des cantons dont une même ville est le siége. D'ailleurs, il n'y a plus d'huissiers de la justice de paix ni d'huissiers du juge de paix, comme les désignent les articles 4, 16 et 20 du Code de procédure, puisque tous ceux du canton sont chargés du service des audiences et d'assister le juge de paix toutes les fois qu'ils en sont requis (*article 53 précité*).

Nous ne comprenons donc l'utilité de la commission du juge pour la notification d'un jugement par défaut qu'autant que la partie à laquelle doit être faite cette notification a son domicile en dehors du canton parce qu'alors l'exploit doit être signifié par un huissier étranger. Tel est le sens de la modification que nous avons apportée au texte du projet en rédigeant le paragraphe 1er de notre article 70.

Enfin nous proposons d'ajouter un troisième paragraphe à cet article dans le but de convertir en loi un mode de procéder que la pratique a depuis longtemps consacré, et qui consiste à reconnaître au demandeur originaire le droit de devancer, par une citation donnée à l'opposant, le jour de la comparution lorsqu'il a été fixé à un délai trop éloigné.

TEXTES

Art. 21 du Code de procédure.	Art. 68 du projet de loi.	Art. 71. Rédaction proposée.
Si le juge de paix sait par lui-même, ou par les représentations qui lui seraient faites à l'audience par les proches, voisins ou amis du défendeur, que celui-ci n'a pu être instruit de la procédure, il pourra, en adjugeant le défaut, fixer, pour le délai de l'opposition, le temps qui lui paraîtra convenable ; et, dans le cas où la prorogation n'aurait été ni accordée d'office ni demandée, le défaillant pourra être relevé de la rigueur du délai, et admis à opposition, en justifiant qu'à raison d'absence ou de maladie grave, il n'a pu être instruit de la procédure.	Si le juge de paix sait par lui-même, ou par les représentations qui lui seraient faites à l'audience par les proches, voisins ou amis du défendeur, que celui-ci n'a pu être instruit de la procédure, il pourra, en adjugeant le défaut, fixer pour le délai de l'opposition le temps qui lui paraîtra convenable; et, dans le cas où la prorogation n'aurait été ni accordée d'office ni demandée, le défaillant pourra être relevé de la rigueur du délai et admis à opposition, en justifiant qu'à raison d'absence ou de maladie grave, il n'a pu être instruit de la procédure.	Si le juge de paix sait par lui-même ou par les représentations qui lui seraient faites par les proches, voisins ou amis du défendeur, que celui-ci n'a pu être instruit de la procédure, il pourra, soit continuer la cause à une autre audience, soit, en adjugeant le défaut, fixer, pour le délai de l'opposition, le temps qui lui paraîtra convenable. Dans le cas où la prorogation de ce délai n'aurait été ni accordée d'office ni demandée, le défaillant pourra être relevé de la rigueur du délai en justifiant qu'à raison d'absence, de maladie ou de tout autre empêchement, il n'a pu former l'opposition dans le délai fixé par l'article précédent.

OBSERVATIONS

L'article 68, dans sa première disposition, n'autorise le juge de paix, au cas de non-comparution du défendeur, qu'à proroger le délai de l'opposition au jugement par défaut, qui nécessairement doit être rendu. Il nous paraît utile cependant que le juge puisse aussi, non-seulement du consentement de la partie demanderesse, mais même d'office, continuer la cause à une autre audience, ainsi d'ailleurs que cela a lieu dans la pratique, lorsque les circonstances paraissent l'exiger.

En outre, nous voudrions que la seconde disposition dudit article eût un caractère purement démonstratif en permettant que le défaillant pût être relevé de la rigueur du délai de l'opposition à raison, non pas seulement d'absence ou de maladie grave limitativement, mais encore de tout autre motif plausible qui l'aurait mis dans l'impossibilité de former l'opposition dans le délai prescrit.

C'est pour satisfaire à ces exigences que nous proposons de modifier comme on vient de le voir le texte de l'article 68 du projet, lequel n'est d'ailleurs que la reproduction identique de l'article 21 du Code de procédure civile.

TEXTES

Art. 69 du projet de loi.	Art. 72. Rédaction proposée.
Hors le cas prévu par l'article précédent, les frais de l'expédition et de la signification du jugement et ceux de l'opposition resteront à la charge du défaillant, à moins qu'eu égard aux circonstances, le juge de paix ne l'ait exonéré de la totalité ou de partie de ces frais.	Lorsque, sur l'opposition par lui formée, le défaillant obtient gain de cause, le juge est investi du pouvoir de décider, suivant les circonstances, s'il doit supporter tout ou partie des dépens occasionnés par son défaut de comparution.

OBSERVATIONS

Suivant l'article 130 du Code de procédure civile, dont la disposition est de droit commun et applicable à toutes les juridictions, la partie qui succombe doit être condamnée aux dépens. Or, on s'est demandé si le défendeur, contre lequel un jugement par défaut a été prononcé d'abord, gagne en définitive son procès sur l'opposition qu'il y a formée, doit toujours et nécessairement être condamné aux frais de ce jugement, de la grosse qui en a été délivrée et de la signification.

Plusieurs arrêts sont intervenus sur cette question et l'ont résolue en sens divers. Toutefois, la doctrine qui prévaut en définitive et à laquelle se sont rangés la grande majorité des jurisconsultes, est celle qui reconnaît aux juges un pouvoir discrétionnaire pour décider, d'après les circonstances quelle est celle des parties qui doit supporter les frais dont il s'agit, doctrine fort sage, à notre avis, en ce que, n'enfermant point le juge dans un cercle infranchissable, elle lui permet d'apprécier les motifs qui ont fait obstacle à la comparution ; par exemple, de reconnaître si c'est ou non volontairement, par malveillance, par pur caprice, ou par suite d'un empêchement sérieux et légitime que le défendeur a fait défaut, et l'investit du pouvoir de prononcer, en conséquence, sur le sort des dépens.

Or, bien qu'il ne soit pas extrêmement facile de saisir le sens de l'article que nous examinons, il semble néanmoins que la pensée du législateur serait que les frais dont il s'agit restassent à la charge du demandeur toutes les fois que, soit en adjugeant le défaut, soit après l'expiration du délai légal de l'opposition, le juge aurait fixé ou prorogé ce délai, ce qui pourrait quelquefois n'être pas une règle de bien stricte justice. D'un autre côté, il ne peut être ici question que de l'hypothèse où finalement le défaillant obtiendrait gain de cause sur l'opposition, car, s'il perd son procès, nul doute que la condamnation qu'il encourt ne doive comprendre tous les dépens, sans exception, et cependant notre article garde le silence à cet égard. Enfin, cet article s'occupe des frais de l'expédition et de la signification du jugement, et nullement du timbre et de l'enregistrement de la minute que le demandeur peut aussi être appelé à supporter dans certains cas, ni du coût de la citation originaire dont il doit nécessairement rester chargé.

La disposition ci-dessus, qui d'ailleurs, on l'a remarqué sans doute, est de droit nouveau, est incomplète et manque de précision et de clarté. Nous pensons qu'elle serait utilement remplacée par celle formant l'article 72 de notre rédaction, qui laisse au juge toute la latitude désirable en l'investissant d'un pouvoir d'appréciation qui lui permet de statuer, suivant les circonstances, sur la question des frais antérieurs à l'opposition.

TEXTES

Art. 22 du Code de procédure.	Art. 70 du projet de loi.	Art. 73. Rédaction proposée.
La partie opposante qui se laisserait juger une seconde fois par défaut, ne sese plus reçue à former une nouvelle opposition.	La partie opposante qui se laisserait juger une seconde fois par défaut, ne sera plus reçue à former une nouvelle opposition.	La partie opposante qui se laisserait juger une seconde fois par défaut ne sera plus reçue à former une **nouvelle** opposition.

OBSERVATIONS

Ce texte, reproduction identique de l'article 22 du Code de procédure civile, est infiniment plus précis que celui de l'article 165 de ce Code, dont la disposition, applicable aux jugements par défaut des Tribunaux civils d'arrondissement, fait naître la question de savoir si un second jugement intervenu sur l'opposition du défendeur, et rendu par défaut contre le demandeur, est susceptible d'opposition de la part de celui-ci.

Suivant notre article, nul doute que l'opposition ne soit interdite qu'à la partie contre laquelle une condamnation par défaut a été prononcée pour la seconde fois. Son texte, simple et clair, ne laisse donc absolument rien à désirer.

TITRE IV

De l'Appel et du Pourvoi en Cassation.

TEXTES

Art. 13 de la loi du 25 mai 1838.	Art. 71 du projet de loi.	Art. 74. Rédaction proposée.
L'appel des jugements des juges de paix ne sera recevable ni avant les trois jours qui suivront celui de la prononciation des jugements, à moins qu'il n'y ait lieu à exécution provisoire, ni après les trente jours qui suivront la signification à l'égard des personnes domiciliées dans le canton. Les personnes domiciliées hors du canton auront, pour interjeter appel, outre le délai de trente jours, le délai réglé par les art. 73 et 1033 du Code de procédure civile.	L'appel des jugements des juges de paix ne sera recevable ni avant les trois jours qui suivront celui de la prononciation des jugements, à moins qu'il n'y ait lieu à exécution provisoire, ni après les trente jours qui suivront la signification à l'égard des personnes domiciliées dans le canton. Les personnes domiciliées hors du canton auront, pour interjeter appel, outre le délai de trente jours, le délai réglé par les art. 73 et 1033 du Code de procédure civile.	L'appel des jugements des juges de paix ne sera recevable ni avant les trois jours qui suivront celui de la prononciation des jugements, à moins que l'exécution provisoire n'ait été ordonnée, ni après les trente jours qui suivront celui qui sert de point de départ au délai de l'appel conformément à l'article suivant. Le délai pour interjeter appel est franc, et sera augmenté, s'il y a lieu, des délais réglés par les art. 73 et 1033 du Code de procédure civile. Seront, en outre, applicables aux jugements des justices de paix toutes les dispositions de droit commun en matière d'appel, et notamment celles des art. 443 à 448 du Code précité.

OBSERVATIONS

L'article 71 du projet de loi reproduit textuellement, ainsi qu'on vient de le voir, les dispositions de l'article 13 de la loi du 25 mai 1838 qui, elles-mêmes, ont remplacé celle de l'article 16 du Code de procédure civile, d'après laquelle le délai de l'appel était de trois mois.

Sous l'empire de cet article s'est agitée la question de savoir si ce délai est franc en ce sens que ni le jour de la signification du jugement ni le jour de l'échéance n'y devaient être compris, question controversée en doctrine et qui a été affirmativement résolue par la Cour de cassation, suivant arrêt du 15 juin 1814 ; et, malgré cette décision, très-expresse d'ailleurs, de la Cour suprême, les auteurs ont continué à être divisés d'opinion, ce qui eût dû porter le législateur de 1838 à faire cesser cette divergence par un texte précis. Or, ce qui n'a point été fait alors, nous proposons de le faire aujourd'hui en exprimant dans la loi la franchise du délai de l'appel.

La disposition du premier paragraphe de l'article 71, en parlant des trente jours qui suivent la signification, semble n'avoir eu en vue que les jugements contradictoires. Cependant les jugements par défaut sont également susceptibles d'appel ; et, comme on le verra dans l'article suivant, le délai court, à l'égard de ces jugements, non pas du jour de la signification, mais de celui où l'opposition n'est plus recevable. Il convient donc, croyons-nous, de modifier, sous ce rapport aussi, le texte de cette disposition.

Notre article veut que le délai soit de trente jours pour les personnes qui ont leur domicile *dans le canton*, et qu'à l'égard de celles domiciliées *hors du canton*, le délai soit augmenté conformément aux articles 73 et 1033 du Code de procédure. Or, pourquoi avoir ainsi généralisé l'application de ces deux articles aux personnes domiciliées en dehors du canton? L'article 1033, modifié, comme nous avons eu l'occasion de le dire déjà, par la loi du 3 mai 1862, porte que le délai sera augmenté d'un jour par cinq myriamètres de distance, et il peut arriver, comme en effet il arrive très-fréquemment, que des personnes ayant leur domicile *hors du canton* n'ont droit à aucune augmentation de délai parce que l'éloignement de ce domicile ne le comporte pas.

Nous en dirions autant dans le sens inverse. S'il pouvait y avoir des justiciables dont le domicile, quoique fixé dans le canton, fût placé à plus de cinq myriamètres du chef-lieu, ils auraient incontestablement droit à l'augmentation de délai prescrite par l'article 1033.

Il faut donc reconnaître que ces expressions : les personnes domiciliées *dans le canton* ou *hors du canton*, sont inexactes; elles doivent disparaître du texte de notre article qui, sous ce rapport, doit être conçu dans les mêmes termes que l'article 55 ci-dessus dont la disposition est relative au délai des citations.

Il est quelques autres dispositions de droit commun contenues au Code de procédure civile et placées au quatrième livre sous le titre : *De l'Appel*, qui, évidemment, doivent recevoir application dans les matières de justice de paix. Ce sont celles des articles 443, § 3, sur l'appel incident, 444 concernant le délai à l'égard des mineurs non émancipés, 445 et 446, relatives aux personnes domiciliées hors de France ou momentanément absentes du territoire européen de l'Empire, 447 et 448 qui suspendent le délai de l'appel dans les divers cas qui y sont spécifiés. Nous proposons de faire résulter d'une disposition formelle l'applicabilité des articles ci-dessus.

TEXTES

Art. 72 du projet de loi.	Art. 73. Rédaction proposée.
Le délai courra, pour les jugements contradictoires, du jour de la signification à personne ou domicile, et, pour les jugements par défaut, du jour où l'opposition ne sera plus recevable; toutefois, l'appel pourra être interjeté avant l'expiration du délai de l'opposition.	Le délai courra, pour les jugements contradictoires, du jour de la signification à personne ou domicile, et, à l'égard des jugements par défaut, du jour où l'opposition ne sera plus recevable. Toutefois, l'appel pourra être interjeté avant l'expiration du délai de l'opposition. L'appel sera suspensif si le jugement n'a point ordonné l'exécution provisoire dans les cas où elle est autorisée.

OBSERVATIONS

Cette disposition, sauf la partie finale, a pour résultat d'ériger en loi deux principes que la jurisprudence et la doctrine ont depuis longtemps déclarés applicables aux matières de justice de paix, et que le législateur avait déjà formulés dans les deux premiers paragraphes de l'article 443 du Code de procédure civile, à savoir que le point de départ du délai de l'appel n'est pas le même pour les jugements par défaut et pour les jugements contradictoires; que ce délai, qui court à partir de la signification relativement à ceux-ci, ne commence à courir, quant à ceux-là, que du jour où la partie jugée par défaut n'est plus recevable à les attaquer par la voie de l'opposition.

Notre article ajoute, dans sa partie finale, que l'appel pourra être interjeté avant l'expiration du délai de l'opposition. L'article 455 contient, à l'égard des jugements par défaut des Tribunaux d'arrondissement, une disposition entièrement contraire, disposition que, dans le silence du premier livre du Code de procédure, on déclare applicable aux décisions des juges de paix : il existe notamment deux arrêts de la Cour suprême, des 8 août 1815 et 7 novembre 1820. Or, l'article 72 substitue à une règle qui ne soulève ni contradiction ni difficulté une règle toute différente. Il n'est pas sans intérêt de remarquer combien est grande l'étendue du chemin qui a été parcouru, à cet égard, depuis la loi organique du 14-26 octobre 1790. L'article 4 du titre III de cette loi prohibait formellement l'appel des jugements par défaut des juges de paix. Plus tard, en 1806, le Code de procédure abrogea cette disposition en ne la reproduisant pas ; mais il était bien entendu que l'appel n'était possible qu'après l'accomplissement du délai de l'opposition ; enfin le projet actuel propose de déclarer l'appel recevable avant l'expiration de ce délai.

Le principe sur lequel avait été basée la disposition de l'article 4 titre III de la loi de 1790 c'est non-seulement que, le droit d'appel et le droit d'opposition ne pouvant être exercés simultanément, le premier n'existe qu'au moment où le second cesse de pouvoir être pratiqué, mais encore que la voie de l'appel ne peut être suivie à l'égard d'un jugement par défaut, puisque la partie à laquelle il fait grief peut employer une autre voie (celle de l'opposition) pour le faire réformer.

Quoi qu'il en soit, dès l'instant qu'un tel jugement est déclaré susceptible d'appel, nous ne voyons pas, à vrai dire, d'inconvénient bien sérieux à permettre d'exercer immédiatement cette voie de recours, tandis que nous y trouvons cet avantage d'économiser les frais de la procédure sur opposition, si la partie croit avoir intérêt à y renoncer.

L'article 457 du Code de procédure porte que l'appel est suspensif, lorsqu'il n'a point été ordonné que le jugement serait exécuté provisoirement. Nous avons pensé qu'il était utile de reproduire cette disposition en l'ajoutant à l'article qui fait l'objet de notre examen, et dont elle formerait un second paragraphe.

TEXTES

Art. 14 de la loi du 25 mai 1838.	Art. 73 du projet de loi.	Art. 76. Rédaction proposée.
Ne sera pas recevable l'appel des jugements mal à propos qualifiés en	Ne sera pas recevable l'appel des jugements mal à propos qualifiés en	Ne sera pas recevable l'appel des jugements mal à propos qualifiés en

premier ressort, ou qui, étant en dernier ressort, n'auraient point été qualifiés.

Seront sujets à l'appel les jugements qualifiés en dernier ressort, s'ils ont statué, soit sur des questions de compétence, soit sur des matières dont le juge de paix ne pouvait connaître qu'en premier ressort.

Néanmoins, si le juge de paix s'est déclaré compétent, l'appel ne pourra être interjeté qu'après le jugement définitif.

premier ressort, ou qui, étant en dernier ressort, n'auraient point été qualifiés. Seront sujets à l'appel les jugements qualifiés en dernier ressort, s'ils ont statué soit sur des questions de compétence, soit sur des matières dont le juge de paix ne pouvait connaître qu'en premier ressort. Néanmoins, si le juge de paix s'est déclaré compétent, l'appel ne pourra être interjeté qu'après le jugement définitif.

premier ressort, ou qui, étant en dernier ressort, n'auraient point été qualifiés.

Seront sujets à l'appel les jugements qualifiés en dernier ressort, s'ils ont statué, soit sur des questions de compétence, soit sur des matières dont le juge de paix ne pouvait connaître qu'en premier ressort.

Néanmoins, si le juge de paix s'est déclaré compétent, l'appel ne pourra être interjeté qu'après le jugement définitif.

OBSERVATIONS

Cet article, qui reproduit textuellement et sans y rien changer l'article 14 de la loi du 25 mai 1838, contient, dans ses deux premiers paragraphes, la sanction de ces deux principes, à savoir : 1° que le caractère d'un jugement se tire de la nature et de l'importance de la contestation qui en fait l'objet, et non de la qualification qui lui a été donnée par le juge ; 2° que la question qui se rattache à la compétence forme une demande principale nécessairement indéterminée, car le droit d'avoir tel juge plutôt que tel autre n'est pas susceptible d'évaluation.

Quant à la disposition du troisième paragraphe, elle a pour but de consacrer explicitement le droit qu'a le juge de paix, après avoir repoussé un déclinatoire, de statuer sur le fond même de la contestation. Du reste, cette même disposition doit se concilier avec l'article 84 ci-après, dont la disposition est relative à l'appel des jugements préparatoires ou interlocutoires en général.

Ajoutons que l'article 14 de la loi de 1838, qui fonctionne depuis plus de trente ans, n'ayant, dans l'application, révélé d'inconvénient d'aucune sorte, son texte doit être conservé sans modification.

TEXTES

Art. 15 de la loi du 25 mai 1838.	Art. 74 du projet de loi.	Art. 77. Rédaction proposée.
Les jugements rendus par les juges de paix ne pourront être attaqués par la voie du recours en cassation que pour excès de pouvoir.	Les jugements rendus par les juges de paix ne pourront être attaqués par la voie du recours en cassation que pour excès de pouvoir.	Les jugements rendus par les juges de paix ne pourront être attaqués par la voie du recours en cassation que pour excès de pouvoir.

OBSERVATIONS

Sous l'empire de l'article 77 de la loi du 27 ventôse an VIII, il y avait ouverture à cassation contre les jugements des juges de paix, soit pour *incompétence*, soit pour *excès de pouvoir*. Depuis la loi du 25 mai 1838 (art. 15), l'excès de pouvoir seul peut autoriser le recours. Quant à l'incompétence, elle n'est plus qu'un grief d'appel. Or, c'est la disposition de cet article qui se trouve reproduite dans l'article 74 du projet.

TEXTES

<table>
<tr><td>

Art. 75 du projet de loi.

Le jugement qui ne portera pas la mention qu'il a été prononcé publiquement, ou qui ne contiendra pas les motifs, sera sujet à l'appel, même dans les matières dont le juge de paix connaît en dernier ressort.

</td><td>

Art. 78. Rédaction proposée.

Le jugement qui ne portera pas la mention qu'il a été prononcé publiquement, ou qui ne contiendra pas les motifs, sera sujet à l'appel, même dans les matières dont le juge de paix connaît en dernier ressort.

</td></tr>
</table>

OBSERVATIONS

L'article 7 de la loi du 20 avril 1810, dont la disposition s'applique à tous les Tribunaux, porte que les arrêts qui n'ont pas été rendus publiquement ou qui ne contiennent pas les motifs, sont déclarés nuls (V. *suprà* les articles 60 et 63 du projet : articles 61 et 64 de notre rédaction). Or, l'annulation ne peut être prononcée que par la Cour suprême ; et, si le jugement entaché de telles irrégularités est un jugement de justice de paix, cette annulation ne peut être prononcée que sur les réquisitions du ministère public, dans le seul intérêt de la loi, et sans que les parties puissent en souffrir ni en profiter, puisque, comme on vient de le voir, elles ne sont autorisées à attaquer par la voie du recours en cassation que les jugements viciés d'excès de pouvoir. (V. l'article précédent.)

Ainsi, dans l'état actuel de la législation, aucune voie n'est ouverte aux parties contre un jugement rendu en dernier ressort par le juge de paix, bien que ce jugement ne contienne pas les motifs de la décision ni la mention qu'il a été prononcé publiquement. Or, c'est pour obvier à ce grave inconvénient qu'a été introduite au projet de loi la disposition qui fait en ce moment l'objet de notre examen, disposition entièrement nouvelle et d'ailleurs excellente, car, désormais, un tel jugement, pouvant être attaqué par la voie de l'appel, devient susceptible de réformation dans l'intérêt de celle des parties à laquelle il ferait grief.

TITRE V

Des actions possessoires.

TEXTES

<table>
<tr><td>

Art. 23 du Code de procédure.

Les actions possessoires ne seront recevables qu'autant qu'elles auront été formées, dans l'année du trouble, par ceux qui, depuis une année au moins, étaient en possession paisible par eux ou les leurs, à titre non précaire.

</td><td>

Art. 76 du projet de loi.

Les actions possessoires ne sont recevables qu'autant qu'elles auront été formées dans l'année du trouble, par ceux qui, depuis une année au moins, seraient en possession paisible par eux ou les leurs, à titre non précaire.

Néanmoins, la possession annale ne sera pas nécessaire pour l'exercice de l'action en réintégrande.

</td><td>

Art. 79. Rédaction proposée.

Les actions possessoires ne sont recevables qu'autant qu'elles ont été formées, dans l'année du trouble, par ceux qui, depuis une année au moins, auraient, par eux ou les leurs, une possession paisible, à titre non précaire, et réunissant toutes les autres conditions exigées par l'article 2229 du Code Napoléon.

Néanmoins, la possession annale ne sera pas nécessaire pour l'exercice de l'action en réintégrande.

</td></tr>
</table>

OBSERVATIONS

La première disposition de cet article, qui est la reproduction pure et simple de l'article 23 du Code de procédure civile, semble n'exiger, pour autoriser l'exercice de l'action possessoire, qu'une possession annale, paisible et à titre non précaire. Cependant il est manifeste que cette disposition ne déroge nullement à celle de l'article 2229 du Code Napoléon ; d'où la conséquence que la possession doit aussi réunir les autres conditions prescrites par ce dernier article, c'est-à-dire qu'en outre, elle doit être publique, non équivoque et avoir été continue et non interrompue.

L'addition que nous proposons de faire au texte nous paraît donc n'être pas dépourvue d'utilité.

Quant à la seconde disposition, elle est entièrement nouvelle et a pour but de consacrer par un texte formel ce principe sur l'application duquel les auteurs et les tribunaux sont loin d'être d'accord, mais que la Cour de cassation a constamment maintenu en l'appuyant de toute l'autorité de ses arrêts, à savoir que l'action en réintégrande, fondée sur la maxime : *Spoliatus ante omnia restituendus*, et qui ne peut être exercée qu'autant qu'il y a eu *violence* ou *voie de fait*, est valablement intentée sans qu'il soit besoin que le plaignant ait la possession annale de la chose litigieuse.

TEXTES

Art. 24 du Code de procédure.	Art. 77 du projet de loi.	Art. 80. Rédaction proposée.
Si la possession ou le trouble sont déniés, l'enquête qui sera ordonnée ne pourra porter sur le fond du droit.	Si la possession ou le trouble sont déniés, l'enquête qui sera ordonnée ne pourra porter que sur les faits de possession ou de trouble.	Si la possession ou le trouble sont déniés, l'enquête, si le juge croit utile de l'ordonner, ne pourra porter que sur les faits de possession ou de trouble.

OBSERVATIONS

On voit quelle est la modification que le projet apporte au texte de l'article 24 du Code de procédure dont il reproduit la disposition. En disposant que l'enquête ne pourrait porter sur le fond du droit, le législateur de 1806 n'a eu d'autre but que celui d'écarter du débat tout ce qui pourrait tendre à établir le droit de propriété ou de servitude, ou s'y rattacher, et de restreindre la preuve aux faits et circonstances de nature à démontrer, soit l'existence ou la légalité de la possession, soit le trouble dont cette possession aurait été l'objet. Mais les termes dans lesquels l'article 24 est conçu manquent d'exactitude ou tout au moins de clarté, car, dans une instance au possessoire, les faits qui tendent à justifier ou à repousser l'action constituent bien évidemment le fond du droit, c'est-à-dire celui qui est en contestation et sur lequel le juge est appelé à prononcer. Le nouveau texte, plus intelligible assurément, et ne pouvant donner lieu à aucune difficulté d'interprétation, est donc infiniment préférable à celui qu'il est destiné à remplacer.

Nous proposons nous-même d'apporter à ce texte une autre modification. De ces expressions : *l'enquête qui sera ordonnée*, il semblerait résulter que, dans le cas de dénégation du trouble ou de la possession, l'enquête doit être le seul moyen de preuve auquel la loi permette de recourir.

Or, il est bien évident que, pour éclairer sa religion, le juge de paix peut, s'il le croit utile, prescrire une visite des lieux sans ordonner en même temps une audition de témoins, et fonder légalement sa décision sur les présomptions tirées de l'aspect des lieux et des faits matériels qui ont été constatés. Cette solution résulte, d'ailleurs, d'un arrêt de la Cour de cassation du 17 décembre 1844. Nous proposons donc de remplacer ces mots : *l'enquête qui sera ordonnée*, par ceux-ci : *l'enquête, si le juge croit utile de l'ordonner*, etc.

TEXTES

Code de procédure.	Projet de loi.	Rédaction proposée.
Art. 25. Le possessoire et le pétitoire ne seront jamais cumulés. Art. 26. Le demandeur au pétitoire ne sera plus recevable à agir au possessoire.	Art. 78. Le possessoire et le pétitoire ne seront jamais cumulés. Art. 79. Le demandeur au pétitoire ne sera plus recevable à agir au possessoire.	Art. 81. Le possessoire et le pétitoire ne seront jamais cumulés. Art. 82. Le demandeur au pétitoire ne sera plus recevable à agir au possessoire.

OBSERVATIONS

Les dispositions de ces deux articles, qui reproduisent textuellement celles des articles 25 et 26 du Code de procédure civile, établissent ce qu'on entend par la règle prohibitive du cumul. En l'édictant, le législateur a voulu exprimer non-seulement qu'il est interdit aux juges de joindre d'office les deux actions possessoire et pétitoire, mais encore qu'une partie ne peut ni saisir le juge de paix ou le tribunal civil d'arrondissement de l'une et de l'autre, ni les intenter séparément, mais dans le même temps, celle-ci devant le Tribunal, celle-là devant le juge de paix.

Ces deux dispositions, dont on ne saurait d'ailleurs trop admirer la concision, rendent complétement la pensée de la loi. On ne saurait donc y apporter le moindre changement.

TEXTES

Art. 27 du Code de procédure.	Art. 80 du projet de loi.	Art. 83. Rédaction proposée.
Le défendeur au possessoire ne pourra se pourvoir au pétitoire qu'après que l'instance sur le possessoire aura été terminée ; il ne pourra, s'il a succombé, se pourvoir qu'après qu'il aura pleinement satisfait aux condamnations prononcées contre lui. Si, néanmoins, la partie qui les a obtenues était en retard de les faire liquider, le juge du pétitoire pourra fixer, pour cette liquidation, un délai, après lequel l'action pétitoire sera reçue.	Le défendeur au possessoire ne pourra se pourvoir au pétitoire qu'après que l'instance sur le possessoire aura été terminée ; il ne pourra, s'il a succombé, se pourvoir qu'après qu'il aura pleinement satisfait aux condamnations prononcées contre lui. Néanmoins, le Tribunal pourra, suivant les circonstances, surseoir à cette exécution en fixant la caution que le demandeur au pétitoire sera tenu de fournir. Si la partie qui a obtenu gain de cause était en retard de faire liquider le montant des condamnations, le juge du pétitoire pourra fixer, pour cette liquidation, un délai, à l'expiration duquel l'action au pétitoire sera reçue.	Le défendeur au possessoire ne pourra se pourvoir au pétitoire qu'après que l'instance sur le possessoire aura été terminée ; il ne pourra, s'il a succombé, se pourvoir qu'après qu'il aura pleinement satisfait aux condamnations prononcées contre lui. Néanmoins, le Tribunal pourra, suivant les circonstances, surseoir à cette exécution en fixant la caution que le demandeur au pétitoire sera tenu de fournir. Si la partie qui a obtenu gain de cause était en retard de faire liquider le montant des condamnations, le juge du pétitoire pourra fixer, pour cette liquidation, un délai à l'expiration duquel l'action pétitoire sera reçue.

OBSERVATIONS

Après avoir reproduit dans son entier l'article 27 du Code de procédure, l'article 80 du projet de loi ajoute à son premier paragraphe une disposition qu'on ne saurait trop approuver. Cette addition a pour but d'autoriser le juge de l'action pétitoire à exonérer la partie qui l'intente, après avoir succombé au possessoire, de l'obligation d'exécuter préalablement les condamnations prononcées contre elle, à la charge de fournir caution.

Il peut arriver que l'exécution des condamnations intervenues au possessoire, prescrite par l'article 27 et qui doit être réelle et complète, soit de nature à causer un préjudice considérable et une irréparable perte pour le cas où l'action pétitoire serait, en définitive, accueillie par le Tribunal. Supposons, par exemple, que, sur l'action possessoire, la démolition d'un mur ou de toute autre construction ait été ordonnée, et que, sur l'action pétitoire intentée postérieurement, le Tribunal décide que le sol litigieux est réellement la propriété exclusive du demandeur : sous la législation actuelle, celui-ci a dû, préalablement et pour obéir aux prescriptions de l'article 27 du Code de procédure, opérer la démolition ordonnée par le juge de paix, et se trouve dans la nécessité de supporter la dépense d'une réédification, tandis que, d'après la disposition nouvelle, cette dépense pourrait lui être épargnée.

TITRE VI

Des Jugements qui ne sont pas définitifs, et de leur exécution.

TEXTES

Art. 28 du Code de procédure.	Art. 81 du projet de loi.	Art. 84. Rédaction proposée.
Les jugements qui ne seront pas définitifs ne seront point expédiés, quand ils auront été rendus contradictoirement et prononcés en présence des parties. Dans le cas où le jugement ordonnerait une opération à laquelle les parties devraient assister, il indiquera le lieu, le jour et l'heure, et la prononciation vaudra citation.	Les jugements qui ne seront pas définitifs ne seront point expédiés quand ils auront été rendus contradictoirement et prononcés en présence des parties. Dans le cas où le jugement ordonnerait une opération à laquelle les parties devraient assister, il indiquera le lieu, le jour et l'heure, et la prononciation vaudra citation.	Les jugements qui ne sont pas définitifs ne seront point expédiés quand ils auront été rendus contradictoirement et prononcés en présence des parties. Dans le cas où le jugement ordonnerait une opération à laquelle les parties devraient assister, il indiquera le lieu, le jour et l'heure, et la prononciation vaudra citation. Toutefois, la prohibition ci-dessus ne s'étendra point aux jugements interlocutoires qui sont susceptibles d'être attaqués par la voie de l'appel.

OBSERVATIONS

La disposition de cet article n'interdit point à la partie qui le croit utile de requérir et de se faire délivrer l'expédition d'un jugement préparatoire ou interlocutoire; il en résulte seulement que les frais de cette expédition ne doivent point passer en taxe.

Du reste, il importe de remarquer que, s'agissant d'un jugement interlocutoire rendu en premier ressort, la disposition ci-dessus n'est point applicable car l'article 84 du projet (*V. infrà*). autorisant l'appel d'un tel jugement avant la décision définitive, la partie qui l'a obtenu use d'un droit légitime en s'en faisant délivrer l'expédition pour le faire signifier. Aussi, croyons-nous qu'il est utile, pour mettre les deux dispositions en harmonie et prévenir toute difficulté, de formuler l'exception dans le texte du présent article.

TEXTES

Art. 29 du Code de procédure.	Art. 82 du projet de loi.	Art. 95. Rédaction proposée.
Si le jugement ordonne une opération par des gens de l'art, le juge délivrera à la partie requérante cédule de citation pour appeler les experts ; elle fera mention du lieu, du jour, de l'heure, et contiendra le fait, les motifs et la disposition du jugement relative à l'opération ordonnée. Si le jugement ordonne une enquête, la cédule de citation fera mention de la date du jugement, du lieu, du jour et de l'heure.	Si le jugement ordonne une opération par des gens de l'art, le juge délivrera à la partie requérante cédule de citation pour appeler les experts ; elle fera mention de l'objet de l'expertise, du jour, de l'heure à laquelle elle aura lieu, et contiendra les motifs et la disposition du jugement relative à l'opération ordonnée. Si le jugement ordonne une enquête, la cédule de citation fera mention de la date du jugement, du lieu, du jour et de l'heure de la comparution.	Si le jugement ordonne une opération par des gens de l'art, les experts pourront être appelés par simple lettre ou par citation précédée d'une cédule délivrée par le juge de paix. La lettre ou la citation fera mention de l'objet de l'expertise, et contiendra la disposition sommaire du jugement relative à l'opération ordonnée. Les experts prêteront serment devant le juge de paix, s'ils n'en sont dispensés, le tout conformément à l'article 97 ci-après. Si le jugement ordonne une enquête, les témoins pourront se présenter volontairement ou être appelés par citation précédée d'une cédule ainsi qu'il est dit ci-dessus ; et la citation contiendra la date du jugement, et fera mention du lieu, du jour et de l'heure de la comparution.

OBSERVATIONS

La disposition de cet article n'est autre que celle de l'article 29 du Code de procédure civile dont la rédaction, qui laisse beaucoup à désirer, a été améliorée. Seulement, nous ne comprenons pas bien pourquoi le projet actuel maintient, comme formalité obligatoire, la délivrance d'une citation, soit aux gens de l'art, soit aux témoins, lorsqu'une expertise ou une enquête a été prescrite par un jugement d'avant faire droit.

Dans la pratique, au cas d'expertise, il est extrêmement rare qu'une citation soit notifiée : une simple lettre partie du greffe ou émanant du juge de paix lui-même suffit presque toujours pour informer l'expert ou les experts de leur nomination, et pour leur faire connaître l'objet de leur mission et les autres renseignements dont ils ont besoin pour procéder à l'opération ordonnée. Ajoutons que le jour et l'heure de l'opération sont ordinairement indiqués par les experts eux-mêmes et non par le juge de paix, lorsque ce magistrat ne doit point y assister.

Quand c'est d'une enquête qu'il s'agit, la citation ne nous semble pas non plus rigoureusement nécessaire à l'égard de ceux des témoins qui veulent bien comparaître sur une simple invitation de la partie qui invoque leur témoignage. Pourquoi ne point éviter les frais d'exploits qui, à notre avis du moins, sont entièrement dépourvus d'utilité. Ajoutons que nous regardons comme infiniment préférable de ne donner connaissance aux témoins qu'à l'audience même des faits sur lesquels ils sont appelés à déposer.

. Nous proposons donc de modifier la rédaction de notre article en ce sens que les citations dont il s'agit auront un caractère purement facultatif. Nous proposons aussi d'ajouter, dans un paragraphe distinct, que les experts devront prêter serment s'ils n'en sont régulièrement dispensés.

TEXTES

Art. 30 du Code de procédure.	Art. 83 du projet de loi.	Art. 86. Rédaction proposée.
Toutes les fois que le juge de paix se transportera sur le lieu contentieux, soit pour en faire la visite, soit pour entendre les témoins, il sera accompagné du greffier qui apportera la minute du jugement préparatoire.	Toutes les fois que le juge de paix se transportera sur le lieu contentieux, soit pour en faire la visite, soit pour entendre les témoins, il sera accompagné du greffier qui apportera la minute du jugement,.....	Toutes les fois que le juge de paix se transportera sur le lieu contentieux, soit pour en faire la visite, soit pour y entendre les témoins, il sera accompagné du greffier, qui apportera la minute du jugement par lequel la visite ou l'enquête aura été ordonnée.

OBSERVATIONS

La décision par laquelle le juge de paix ordonne, avant faire droit, soit une visite des lieux, soit une enquête, doit être considérée généralement comme un jugement interlocutoire : c'est la mesure d'instruction elle-même, c'est-à-dire la visite de lieux ou l'enquête qui a le caractère de préparatoire. La disposition finale de l'article 80 du Code de procédure civile contient donc un vice de rédaction en donnant *à priori* et d'une manière absolue, la qualification de *préparatoire* au jugement dont la minute doit être apportée par le greffier. C'est pourquoi le projet ne reproduit point cette qualification dans sa rédaction.

Or, le texte que nous proposons n'est autre que celui de l'ancien article 6 titre VI de la loi du 14-26 octobre 1790, auquel il convient de revenir, et que le législateur de 1806 avait mal à propos modifié.

TEXTES

Art. 31 du Code de procédure.	Art. 84 du projet de loi.	Art. 87. Rédaction proposée.
Il n'y aura lieu à l'appel des jugements préparatoires qu'après le jugement définitif et conjointement avec l'appel de ce jugement ; mais l'exécution des jugements préparatoires ne portera aucun préjudice aux droits des parties sur l'appel, sans qu'elles soient obligées de faire à cet égard aucune protestation ni réserve. L'appel des jugements interlocutoires est permis avant que le jugement définitif ait été rendu. Dans ce cas, il sera donné expédition du jugement interlocutoire.	L'appel d'un jugement préparatoire ne pourra être interjeté qu'après le jugement définitif et conjointement avec l'appel de ce jugement, et le délai de l'appel ne courra que du jour de la signification du jugement définitif. Cet appel sera recevable encore que le jugement préparatoire ait été exécuté sans réserves. L'appel du jugement interlocutoire pourra être interjeté avant le jugement définitif ; il pourra également l'être après ledit jugement, même par la partie qui l'aura exécuté sans réserves, à la condition qu'il sera interjeté conjointement avec l'appel du jugement définitif.	L'appel d'un jugement préparatoire ne pourra être interjeté qu'après le jugement définitif et conjointement avec l'appel de ce jugement, et le délai de l'appel ne courra que du jour de la signification du jugement définitif. Cet appel sera recevable encore que le jugement préparatoire ait été exécuté sans réserves. L'appel d'un jugement interlocutoire pourra être interjeté avant le jugement définitif ; il pourra également l'être après ledit jugement, même par la partie qui l'aura exécuté sans réserves, à la condition qu'il sera formé conjointement avec l'appel du jugement définitif ; et, dans ce cas, le délai de l'appel ne courra que du jour de la signification du jugement définitif.

OBSERVATIONS

De même que l'article 31 du Code de procédure dont il reproduit et complète la disposition et dont il améliore notablement le texte, l'article 84 du projet prohibe l'appel des jugements préparatoires avant la décision définitive, et autorise l'appel des jugements interlocutoires avant que cette décision n'ait été rendue.

En ce qui concerne les jugements préparatoires, notre article dispose, en outre, ce qu'a omis de faire l'article 31, mais ce qui est une conséquence de la prohibition qu'il édicte, que le délai de l'appel ne commence à courir que du jour de la signification du jugement définitif.

Quant aux jugements interlocutoires, ledit article 31 s'est borné à autoriser l'appel avant le jugement définitif, disposition identiquement la même que celle de l'article 451, relative aux jugements des Tribunaux civils de première instance. Or, l'application de cet article a fait naître la question controversée de savoir si l'appel d'un interlocutoire est recevable après la décision définitive alors même que la partie appelante l'a exécuté sans réserves ni protestations ; et c'est afin de faire cesser toute espèce de doute à cet égard que l'article 84 du projet autorise expressément l'appel des jugements interlocutoires, même après la décision définitive, mais à la condition qu'il sera interjeté conjointement avec l'appel de cette décision elle-même, encore qu'ils aient été suivis d'exécution. C'est là l'unique innovation que contienne l'article objet de notre examen.

Quel est le point de départ du délai de l'appel d'un jugement interlocutoire ? Cette question doit être résolue par une distinction.

Si l'appel a lieu avant le jugement définitif, nul doute que le délai de trente jours fixé par l'article 71 du projet (article 74 de notre rédaction) ne doive commencer à courir soit du jour de la signification de l'interlocutoire, s'il a été rendu contradictoirement, soit du jour où l'opposition n'est plus recevable, s'il a été rendu par défaut, et cela conformément à l'article 72 du projet (article 75 de notre rédaction).

Si, au contraire, les deux décisions sont conjointement frappées d'appel, il faut nécessairement admettre que le délai ne doit commencer à courir que du jour de la signification du jugement définitif, encore qu'un délai de plus de trente jours se soit écoulé depuis la signification de l'interlocutoire : c'est ce qu'ont décidé de nombreux arrêts, par application de l'article 451 du Code de procédure, précédemment cité.

Néanmoins, cette doctrine n'est point admise sans conteste ; c'est pourquoi, dans le but de faire cesser la controverse et de prévenir toute difficulté nouvelle, nous proposons de faire à la seconde disposition de notre article, en ce qui concerne les jugements interlocutoires, une addition semblable à celle contenue dans la première, relativement aux jugements préparatoires.

TEXTES

Art. 15 du Code de procédure.

Dans les cas où un interlocutoire aurait été ordonné, la cause sera jugée définitivement, au plus tard dans le délai de quatre mois du jour du jugement interlocutoire ; après ce délai, l'instance sera périmée de droit ; le jugement qui serait rendu sur le fond, sera sujet à l'appel, même dans les matières dont le juge de paix connaît en dernier ressort, et sera annulé, sur la réquisition de la partie intéressée.

Si l'instance est périmée par la faute du juge, il sera passible des dommages et intérêts.

Art. 85 du projet de loi.

Dans le cas où il aura été rendu un jugement préparatoire ou interlocutoire, la cause sera jugée définitivement au plus tard dans le délai de quatre mois, du jour de la prononciation du jugement d'avant faire droit. Pourra néanmoins le juge, pour motifs graves, avant l'expiration de ce délai de quatre mois, le proroger de deux mois au plus, et il ne pourra être accordé de nouvelle prorogation. Après le délai, l'instance sera périmée de droit ; le jugement qui serait rendu sur le fond sera sujet à l'appel, même dans les matières dont le juge de paix connaît en dernier ressort, et sera annulé sur la réquisition de la partie intéressée.

Si l'instance est périmée par la faute du juge, il sera passible des dommages et intérêts.

Art. 88. Rédaction proposée.

Dans le cas où il aura été rendu un jugement préparatoire ou interlocutoire, la cause sera jugée définitivement, au plus tard, dans le délai de quatre mois du jour de la prononciation de ce jugement.

S'il a été prononcé plusieurs jugements d'avant faire droit, le délai courra du jour où le premier de ces jugements aura été rendu.

Pourra, néanmoins, le juge, pour motifs graves, avant l'expiration du délai de quatre mois, le proroger de deux mois au plus, sans qu'il puisse être accordé de nouvelle prorogation.

Après le délai, l'instance sera périmée de droit ; le jugement qui serait rendu sur le fond sera sujet à appel, même dans les matières dont le juge de paix connaît en dernier ressort, et sera annulé sur la réquisition de la partie intéressée.

Si l'instance est périmée par la faute du juge, il sera passible des dommages-intérêts.

OBSERVATIONS

On se demande aujourd'hui, sous l'empire de l'article 15 du Code de procédure civile, si, de même que le jugement interlocutoire, le seul dont parle cet article, un simple jugement préparatoire fait courir le délai de la péremption. Or, la négative est généralement admise et a d'ailleurs été formellement consacrée par la Cour de cassation, suivant arrêt du 12 février 1822. Mais il est souvent assez difficile de reconnaître si un jugement est interlocutoire ou seulement préparatoire.

D'un autre côté, les auteurs sont loin d'être d'accord sur la question de savoir si les dispositions des articles 397 à 401 du Code de procédure, relatives à la péremption, sont applicables en justice de paix. Les uns, se fondant sur la différence essentielle que le législateur a établie entre la péremption d'instance de l'article 15 (défaut de jugement définitif dans le délai de quatre mois, à partir du jugement interlocutoire) et la péremption édictée par les articles 397 et suivants (discontinuation de poursuite pendant trois ans), enseignent que les dispositions de ces articles doivent rester sans application dans les matières de justice de paix. D'autres admettent bien que, quand un jugement interlocutoire a été rendu, l'instance devant le juge de paix ne puisse être soumise à une péremption autre que celle de quatre mois, conformément à l'article 15, mais ils soutiennent que, s'il n'est intervenu aucun jugement de cette nature, l'instance doit être périmée par discontinuation de poursuites pendant trois ans.

Le vœu du législateur a été évidemment que les litiges peu importants, tels que le sont généralement ceux dont la connaissance est attribuée aux juges de paix, reçussent une solution rapide.

On ne s'expliquerait donc pas qu'il eût pu vouloir que, par cela seul qu'une instance n'a nécessité aucun jugement interlocutoire, cette instance pût avoir une durée de trois ans. C'est pourquoi l'on ne saurait trop approuver la modification que le projet de loi apporte à l'ancien texte, en assimilant aux jugements interlocutoires les simples jugements préparatoires, pour attribuer à ceux-ci tout aussi bien qu'à ceux là l'effet de faire courir le délai de la péremption, modification par suite de laquelle il deviendra désormais inutile de rechercher le caractère du jugement d'avant faire droit qui sera intervenu. Il faut pleinement approuver aussi le pouvoir que le projet confère au juge de paix d'accorder, lorsqu'il le croit utile, une prorogation du délai.

Il arrive parfois, même dans une affaire de justice de paix, que plusieurs jugements interlocutoires sont prononcés. Par exemple, après avoir ordonné une enquête ou une expertise, le juge prescrit une visite de lieux, etc. Or, en un tel cas, quel est celui de ces jugements dont la date doit servir de point de départ au délai de la péremption? D'imposantes autorités, entre autres Adolphe Chauveau et Curasson, enseignent que le délai court du jour où le premier interlocutoire est intervenu ; d'autres soutiennent, au contraire, que ce délai ne commence à courir que du jour où le dernier jugement a été rendu , et cette doctrine a été consacrée par un arrêt de la Cour de cassation belge du 17 avril 1833.

Il serait regrettable que l'article objet de notre examen laissât subsister une telle équivoque, au lieu de faire cesser la difficulté par un texte précis et formel. A la différence de l'article 397 qui, à l'égard des jugements des Tribunaux civils d'arrondissement, ne déclare l'instance périmée, comme nous venons de le dire, qu'au cas de discontinuation de poursuites dans le délai où la péremption doit s'accomplir, le législateur veut que, dans les matières de justice de paix, ce délai ne soit interrompu par aucun acte de procédure, et cela, répétons-le, pour que les petits litiges soient promptement mis à fin. La préférence nous semble donc devoir être donnée à la règle qui assigne pour point de départ au délai de la péremption la date du premier jugement d'avant faire droit, et c'est dans ce sens que nous avons rédigé la disposition qui deviendrait le second paragraphe de l'article qui vient d'être l'objet de notre examen.

TITRE VII

De la mise en cause des garants.

TEXTES

Art. 32 du Code de procédure.	Art. 86 du projet de loi.	Art. 89. Rédaction proposée.
Si, au jour de la première comparution, le défendeur demande à mettre garant en cause, le juge accordera délai suffisant en raison de la distance du domicile du garant : la citation donnée au garant sera libellée, sans qu'il soit besoin de lui notifier le jugement qui ordonne sa mise en cause.	Si, au jour de la première comparution, le défendeur demande à mettre garant en cause, le juge accordera le délai qui lui paraîtra suffisant en raison de l'éloignement du domicile du garant ; il sera fait simplement mention sur la feuille d'audience du délai accordé au défendeur pour mettre son garant en cause. Cette mention ne donnera lieu à aucun droit d'enregistrement·	Si le défendeur demande à mettre garant en cause, le juge accordera le délai qui lui paraîtra nécessaire en raison de l'éloignement du domicile du garant, et il sera fait simplement mention sur le plumitif d'audience du délai accordé au défendeur pour appeler son garant.

Art. 33 du Code de procédure.	Art. 87 du projet de loi.	Art. 90. Rédaction proposée.
Si la mise en cause n'a pas été demandée à la première comparution, ou si la citation n'a pas été faite dans le délai fixé, il sera procédé, sans délai, au jugement de l'action principale, sauf à statuer séparément sur la demande en garantie.	Si la mise en cause n'a pas été demandée à la première comparution, ou si la citation n'a pas été faite dans le délai fixé, il sera procédé, sans délai, au jugement de l'action principale, sauf à statuer séparément sur la demande en garantie.	Si la mise en cause n'a pas été demandée à la première comparution, ou si la citation n'a pas été faite dans le délai fixé, le juge de paix pourra, suivant les circonstances, soit prononcer d'abord sur l'action principale, et statuer ultérieurement sur la demande en garantie, soit même refuser d'autoriser incidemment l'appel du garant.

OBSERVATIONS

Dans le but de simplifier nos observations sur les articles 86 et 87 du projet de loi, nous croyons utile de réunir leurs dispositions qui, dès lors, vont être l'objet d'un examen simultané.

L'article 32 du Code de procédure civile, dont le texte est reproduit avec quelques modifications dans l'article 86 du projet, dispense de signifier au garant le jugement par lequel sa mise en cause est ordonnée. L'article 86 va plus loin en supprimant ce jugement même qu'il remplace avantageusement, puisqu'il en épargne les frais, par une simple mention sur la feuille d'audience, avec dispense d'enregistrement. Ce jugement n'est point, en réalité, ce qu'on nomme un *avant faire droit*; il n'a aucun caractère interlocutoire ni préparatoire : c'est une remise de cause pure et simple dont il suffit de faire mention, en effet, pour que son existence soit constatée. Or, comme la feuille d'audience est exclusivement destinée à recevoir la transcription de véritables jugements, nous pensons que la mention dont il s'agit devrait être faite, non sur cette feuille, mais sur le plumitif, sans qu'il soit, dès lors, besoin de formuler dans la loi la dispense d'enregistrement puisqu'aucune des constatations ou énonciations du plumitif n'est soumise à cette formalité.

Il est une autre modification dont le texte des articles 86 et 87 nous paraît susceptible. Il semblerait résulter des dispositions combinées de ces deux articles (art. 32 et 33 du Code de procédure) que la mise en cause d'un garant doit obligatoirement être requise et ordonnée lors de la première comparution, faute de quoi, l'action en garantie, si elle était postérieurement autorisée, devrait forcément être l'objet d'un jugement séparé. Cependant il est généralement admis, non-seulement que le défendeur n'est pas déchu du droit d'appeler son garant, bien qu'il ait omis ou négligé de demander sa mise en cause lors de la première comparution, mais encore que, dans ce cas, les deux actions peuvent n'être pas disjointes et faire, au contraire, l'objet d'une seule et même décision, sauf au juge, s'il y a lieu, et s'il accueille la demande en garantie, à laisser à la charge du défendeur les frais faits dans l'intervalle de temps qui s'est écoulé entre le jour de la première comparution et celui où la citation a été notifiée au garant.

On conçoit qu'une demande de mise en cause de garant doive être considérée comme tardive lorsqu'elle est formée après un jugement interlocutoire qui, par exemple, a ordonné une enquête, une expertise, une visite de lieux, et plus tardive encore s'il a été procédé déjà à l'une de ces mesures d'instruction ; mais il arrive fréquemment qu'à la première comparution, la cause est l'objet d'une remise pure et simple qui n'a point encore, à vrai dire, engagé le débat. Or, en cas pareil, il est évident qu'à une audience subséquente, l'appel en garantie se présente absolument dans les mêmes conditions que s'il avait été demandé lors de la première comparution.

Nous proposons donc de ne pas limiter la demande de mise en cause à cette première comparution, et de conférer au juge de paix le pouvoir d'apprécier, suivant les circonstances, s'il convient de disjoindre les deux actions pour qu'il soit statué séparément sur chacune d'elles, ou de refuser la mise en cause du garant, ce qui devrait avoir lieu toutes les fois que, l'affaire étant en état, la demande de mise en cause est véritablement empreinte de tardiveté.

TITRE VIII

Des Enquêtes.

TEXTES

Art. 34 du Code de procédure.	Art. 88 du projet de loi.	Art. 91. Rédaction proposée.
Si les parties sont contraires en faits de nature à être constatés par témoins, et dont le juge de paix trouve la vérification utile et admissible, il ordonnera la preuve et en fixera précisément l'objet.	Si les parties sont contraires en faits de nature à être légalement constatés par témoins, et dont le juge de paix trouve la vérification utile et admissible, il ordonnera la preuve et en fixera précisément l'objet.	Si les parties sont contraires en faits de nature à être légalement constatés par témoins, et dont le juge de paix trouve la vérification utile et admissible, il ordonnera la preuve et en fixera précisément l'objet.

OBSERVATIONS

En reproduisant le texte de l'article 34 du Code de procédure civile, l'article 88 du projet y ajoute, comme on vient de le voir, le mot : *légalement.*

Sous l'empire de la loi actuelle, on discute encore la question de savoir si, en justice de paix, les parties peuvent valablement renoncer à la prohibition de prouver par témoins dans les matières où le législateur a exigé la production de conventions écrites, et spécialement dans les cas généraux prévus par l'article 1341 du Code Napoléon. Or, l'addition dont il s'agit a pour but tout à la fois de faire cesser toute controverse à cet égard, et de mettre la disposition ci-dessus en corrélation parfaite avec celle de l'article 253, concernant les enquêtes devant les Tribunaux d'arrondissement, d'après laquelle la preuve testimoniale ne peut être ordonnée que *si la loi ne la défend pas.* Désormais donc, devant le juge de paix, comme devant ces tribunaux, il ne suffirait pas que les parties fussent contraires en faits et que la vérification en fût reconnue utile et admissible, pour que cette preuve pût être ordonnée, il faudrait nécessairement aussi qu'elle ne fût point interdite par la loi ; d'où la conséquence que le juge devrait, à défaut de conclusions formelles de la partie intéressée, suppléer d'office l'exception résultant de la prohibition.

TEXTES

Art. 35 du Code de procédure.	Art. 89 du projet de loi.	Art. 92. Rédaction proposée.
Au jour indiqué, les témoins, après	Au jour indiqué pour l'enquête, les	Au jour indiqué pour l'enquête, les

<table>
<tr>
<td>avoir dit leurs noms, profession, âge et demeure, feront le serment de dire vérité, et déclareront s'ils sont parents ou alliés des parties et à quel degré, et s'ils sont leurs serviteurs ou domestiques.</td>
<td>témoins seront entendus à l'audience publique ; après avoir dit leurs noms, profession, âge et demeure, ils feront serment de dire la vérité et déclareront s'ils sont parents ou alliés des parties et à quel degré, et s'ils sont leurs serviteurs ou domestiques.</td>
<td>témoins seront entendus à l'audience publique ; après avoir dit leurs noms, profession, âge et demeure, ils feront serment de dire la vérité, et déclareront s'ils sont parents ou alliés des parties et à quel degré, et s'ils sont leurs serviteurs ou domestiques.</td>
</tr>
</table>

OBSERVATIONS

L'article 89 reproduit la disposition de l'article 35 du Code de procédure civile avec cette addition que *les témoins seront entendus à l'audience publique*. Cette prescription que ne contient pas l'article 35, ne résulte non plus d'aucune des dispositions relatives aux enquêtes prescrites par les Tribunaux civils, ce qui se conçoit parfaitement, puisque ces enquêtes ont lieu non à l'audience du Tribunal, mais devant un juge commis. L'addition que reçoit le texte actuel nous paraît utile, car, dans les matières de justice de paix, c'est au cours même du débat que sont reçus les témoignages : donc l'enquête doit avoir lieu publiquement.

TEXTES

<table>
<tr>
<th>Art. 36 du Code de procédure.</th>
<th>Art. 90 du projet de loi.</th>
<th>Art. 93. Rédaction proposée.</th>
</tr>
<tr>
<td>..... Elles seront tenues de fournir leurs reproches avant la déposition et de les signer ; si elles ne le savent ou ne le peuvent, il en sera fait mention : les reproches ne pourront être reçus après la déposition commencée, qu'autant qu'ils seront justifiés par écrit.</td>
<td>Sont applicables les dispositions générales du Code relatives aux personnes qui ne peuvent être entendues ou ne peuvent prêter le serment.
Les reproches ou faits personnels propres à infirmer la déposition d'un témoin pourront être proposés par chaque partie , conformément aux règles établies pour les enquêtes devant les Tribunaux civils ; s'ils ne sont pas justifiés par écrit, ils ne pourront être proposés qu'avant l'audition du témoin. Le reproche sera signé par la partie, ou il sera fait mention qu'elle ne peut ou ne veut signer. Le témoin sera tenu de s'expliquer sur ces faits. Les témoins reprochés seront entendus, sauf à avoir à leur déposition tel égard que de raison.</td>
<td>Sont applicables les dispositions des lois relatives aux personnes qui ne peuvent être entendues comme témoins, et à celles qui ne peuvent prêter le serment.
Les faits personnels ou les circonstances qui seraient de nature à infirmer ou atténuer les effets d'un témoignage, pourront être invoqués et proposés par la partie adverse avant l'audition du témoin, à moins qu'ils ne soient justifiés par écrit, et il en sera fait mention sur le plumitif.
Dans tous les cas, le témoin sera entendu dans sa déposition.</td>
</tr>
</table>

OBSERVATIONS

I. *Des personnes qui ne doivent pas être appelées en témoignage, et des individus qui ne peuvent être admis à prêter le serment.*

Le premier alinéa de l'article 90 du projet de loi contient une disposition entièrement nouvelle, bien qu'en définitive, elle ne fasse qu'ériger en loi un point de jurisprudence parfaitement constant, à savoir que les personnes dont la loi prohibe le témoignage devant les Tribunaux civils d'arrondissement ne peuvent, non plus, être appelées à témoigner en justice de paix. Ces personnes sont, d'après l'article 268 du Code de procédure, les parents ou alliés en ligne directe de l'une des parties ainsi que son conjoint : la disposition de cet article est donc, avec raison, déclarée applicable aux enquêtes devant le juge de paix.

Notre alinéa est, en outre, relatif aux personnes qui ne peuvent prêter le serment prescrit par l'article précédent. C'est là encore un principe général qui régit les enquêtes et les témoignages à l'égard de toutes les juridictions ; seulement il n'existe dans le Code de procédure, au titre : *Des Enquêtes*, aucune disposition qui l'ait consacré. Les individus dont il s'agit ici sont ceux qui, frappés par la loi d'incapacité, ne peuvent être entendus en justice autrement que pour y donner de simples renseignements ou de simples déclarations, c'est-à-dire les condamnés à une peine criminelle, et ceux contre lesquels le Tribunal correctionnel a prononcé la peine accessoire de l'interdiction du droit de témoignage pendant cinq à dix ans. Ces individus ne peuvent donc, en effet, être admis à prêter serment, et ce n'est point en vertu d'une disposition du Code de procédure qui, répétons-le, n'existe pas, mais par application des articles 28, 34 et 42 du Code pénal. Il y a donc lieu, croyons-nous, de modifier le texte du premier alinéa de l'article 90, en substituant à ces mots : *les dispositions générales du Code*, ceux-ci : *les dispositions des lois...*

Bien que la loi (art. 285) soit muette à cet égard, il est encore certains témoins, dont, suivant la jurisprudence, les déclarations ne doivent être précédées d'aucun serment : ce sont les individus âgés de moins de quinze ans révolus, à la déposition desquels les juges sont autorisés à n'avoir que tel égard que de raison.

II. *Du système des reproches et de l'utilité de son abolition.*

Les juges, même dans les matières civiles, ne sont jamais liés par les témoignages produits devant leur Tribunal, quelque nombreux d'ailleurs que puissent être ces témoignages, et quelque probants qu'ils paraissent au premier abord. Dans la constatation et dans l'appréciation des faits et circonstances qui y sont révélés, ces magistrats remplissent, en quelque sorte, les fonctions de jurés, et ils sont autorisés à accorder aux déclarations des témoins tel ou tel degré de confiance, soit qu'ils aient égard au plus ou moins d'exactitude ou de vraisemblance de ces déclarations, soit qu'ils prennent en considération la situation particulière du témoin, sa qualité ou ses relations par rapport à l'une ou à l'autre des parties. D'un autre côté, dans l'état actuel de la législation, les témoins contre lesquels des reproches sont admis doivent être entendus dans leur déposition.

Si donc, d'une part, les déclarations de témoins non reprochés peuvent être écartées par le juge comme n'apportant pas la conviction dans son esprit ; et si, d'autre part, celles des témoins reprochés, quoique ne constituant pas des témoignages proprement dits, peuvent néanmoins être par lui prises en considération et servir à l'éclairer, on ne comprend pas bien l'utilité du maintien au Code de procédure des dispositions qui sont relatives aux reproches. A part celles qui prohibent l'audition des parents et alliés et celles qui déclarent certains condamnés indignes ou incapables de témoigner en justice, il nous semble que la seule disposition qui soit utile est celle par laquelle serait accordée aux parties la faculté de faire connaître au juge les circonstances ou les motifs qui paraîtraient susceptibles de faire suspecter la sincérité des témoins, ce magistrat conservant d'ailleurs le pouvoir d'apprécier la valeur des témoignages, et restant le maître de les écarter ou d'en faire état pour rendre sa décision.

Donc, étant donné que le système des reproches doive disparaître du Code de procédure, il y aurait lieu de supprimer la disposition de l'article 283 de ce Code qui contient l'énumération des causes pour lesquelles les témoins sont reprochables, et de modifier profondément, dans le sens de cette abrogation, la seconde disposition de l'article que nous examinons en ce moment. On a vu ci-dessus le texte que nous proposons de substituer à celui du projet de loi.

Toutefois, admettant l'hypothèse contraire, à savoir que le système des reproches doive être maintenu par le législateur, quelques modifications devraient encore, croyons-nous, être apportées à la disposition dont il s'agit. Nous allons successivement les indiquer.

III. *Des causes de reproches.*

. Cette disposition, qui reproduit presque en entier celle de l'article 36 du Code de procédure civile, consacre encore, par l'addition qu'elle contient dans sa première partie, un autre point de doctrine et de jurisprudence incontesté, à savoir que, dans le silence dudit article 36 à cet égard, les causes pour lesquelles un témoin est reprochable dans les matières de justice de paix, sont les mêmes que celles qui peuvent être invoquées lorsque l'enquête a lieu devant les Tribunaux d'arrondissement. Ces causes sont d'ailleurs exprimées, ainsi que nous l'avons dit précédemment, dans l'article 283 du Code de procédure (1), et l'on s'est demandé si l'énumération que contient cet article est limitative, ou seulement démonstrative en ce sens que les juges aient un pouvoir discrétionnaire pour admettre d'autres causes de reproches, lorsqu'il existe des motifs de suspecter soit la sincérité ou l'impartialité du témoin, soit seulement son indépendance.

Plusieurs décisions, entre autres un arrêt de la Cour impériale de Paris, du 5 mai 1856, dont la doctrine est adoptée par plusieurs auteurs, attribuent à la disposition de l'article 283 un caractère limitatif, et refusent aux Tribunaux le pouvoir d'admettre, contre les témoins produits, des causes de reprochabilité autres que celles qui y sont mentionnées.

D'autres arrêts, et en très-grand nombre, disons-le, décident, au contraire, que cette disposition est purement démonstrative, et que, dès lors, les juges peuvent, suivant les circonstances, admettre le reproche dirigé contre un témoin pour une cause autre que celles exprimées en l'article 283.

Or, c'est cette jurisprudence, à laquelle adhèrent d'imposantes autorités, qui est prédominante et à laquelle la préférence nous semble devoir être donnée. En effet, il est des personnes qui se trouvent, relativement à l'une des parties en cause, dans une situation particulière et que le législateur n'a pas prévue; celles, par exemple, qui ont un intérêt quelconque, direct ou indirect, à

---

(1) Cet article porte, dans sa partie finale, que l'on pourra reprocher comme témoin celui qui aura été condamné à une peine afflictive ou infamante. Or, ainsi qu'on l'a vu plus haut, les condamnés à une peine criminelle ne sont pas seulement reprochables, ils sont frappés d'une incapacité légale et absolue. Exclus *ipso jure* du droit de porter témoignage, c'est seulement quand ils ont été réhabilités que, l'incapacité absolue cessant d'exister à leur égard, ils deviennent simplement reprochables.

Il serait donc véritablement utile que le texte de l'article 283 (si la disposition doit être conservée) fût modifié dans ce sens. Ainsi le second paragraphe devrait se terminer au mot : *domestiques*, et l'article en contiendrait un troisième qui serait ainsi rédigé :

« Seront également reprochables : le témoin en état d'accusation, celui qui aura été condamné à une peine correctionnelle pour vol, ou qui, après avoir été condamné à une peine criminelle, aura été réhabilité. »

la contestation; celles qui sont en procès avec la partie adverse ou à l'égard de laquelle il existe une animosité ou une inimitié parfaitement caractérisée, etc. Le témoignage de ces personnes ne peut-il pas être légalement tenu pour au moins aussi suspect que celui d'un allié ou même d'un parent au degré de cousin-germain d'une partie avec laquelle ce parent ou cet allié peut d'ailleurs n'avoir aucunes relations? Il semble donc parfaitement rationnel, toujours étant donné que le système des reproches ne soit pas abandonné, d'investir les juges d'un pouvoir discrétionnaire à cet égard.

IV. *De la constatation des reproches, et de l'obligation de les signer.*

De même que l'article 36 du Code de procédure qu'il reproduit, l'article 90 du projet exige, d'une manière générale et sans distinction des cas où le jugement est ou non sujet à l'appel, que les reproches soient signés par la partie qui les propose. Signés où? sur quoi? S'il s'agit d'une cause de premier ressort, on peut admettre que la signature serait apposée sur le procès-verbal d'enquête dont l'article 93 prescrit la rédaction, et que d'ailleurs nous proposons de supprimer (V. *infrà*, p. 47); si, au contraire, le juge de paix doit prononcer souverainement, on ne voit pas où la partie devrait signer, à moins que ce ne soit sur le plumitif, puisque, dans ce cas, il ne doit être dressé aucun procès-verbal. Mais à quoi bon cette signature, qui n'est d'ailleurs point exigée dans les enquêtes bien autrement importantes auxquelles procèdent les juges des Tribunaux d'arrondissement? (V. les articles 270 et 289.) Ne suffit-il donc pas que le reproche et la cause qui le motive soient mentionnés sur le plumitif du greffier, lequel doit contenir des constatations autrement graves et intéressantes pour lesquelles la loi n'exige pas la signature des parties?

V. *De l'audition des témoins reprochés.*

Sous l'empire de la législation actuelle qui se tait à cet égard, les auteurs sont généralement d'accord pour reconnaître que, dans les causes non susceptibles d'appel, le témoin à l'égard duquel des reproches ont été admis ne doit pas être entendu dans sa déposition. Mais c'est une question controversée que celle de savoir s'il en est de même lorsque le jugement à intervenir ne peut être rendu qu'en premier ressort. De graves autorités enseignent que, même dans ce cas, la déclaration du témoin ne doit pas être reçue. « Le juge de paix, disent-ils, compose à lui seul le Tribunal, il peut et doit décider sur-le-champ du mérite des reproches, et écarter la déposition lorsqu'il les reconnaît fondés, » et cette opinion a été pleinement consacrée par un arrêt de la Cour de cassation, du 2 juillet 1835. Quelques auteurs, se fondant sur le texte de l'article 284 du Code de procédure, soutiennent, au contraire, que, par analogie, le témoin doit être entendu afin que, le cas échéant, les juges d'appel puissent faire état de sa déposition, s'ils déclarent mal fondés les reproches admis par le juge de paix. Or, c'est la règle qui ressort de cette dernière doctrine que notre article convertit en loi, en disposant, dans sa partie finale, que les témoins reprochés seront entendus, sauf à avoir à leur déclaration tel égard que de raison; et remarquons que, cette prescription étant générale, l'audition des témoins reprochés est exigée et devrait avoir lieu même lorsque la cause est de nature à être jugée souverainement. Nous ne voyons aucun inconvénient à ce que les déclarations d'un témoin reproché soient reçues puisque le juge de paix est autorisé à y avoir tel égard que de raison, tandis qu'il pourrait y avoir un grand désavantage à les écarter *de plano*. D'une part, ces déclarations peuvent contenir d'utiles renseignements, insuffisants à eux seuls, sans doute, pour former une preuve complète, mais qui, réunis à d'autres éléments de justification et les corroborant, concourent à éclairer la religion du juge et à porter la conviction dans son esprit; d'autre part, et si le jugement rendu en premier ressort est frappé d'appel, le Tribunal du second degré, à supposer qu'il trouve le reproche sans fondement, pourrait faire état de la déposition sans être obligé de procéder lui-même de nouveau à l'audition du témoin.

Nous persistons à penser que le système des reproches doit être abandonné, et que, dès lors, il y aurait lieu de substituer au texte du second paragraphe de l'article 90 du projet de loi, la rédaction que nous avons proposée ci-dessus. S'il en est autrement décidé, ce que nous regarderions comme très-regrettable, ce texte n'aurait à subir d'autre modification que celle tendant à prescrire qu'il soit simplement fait mention des reproches sur le plumitif, sans que la partie soit soumise à l'obligation de les signer.

TEXTES

Code de procédure civile.	Art. 91 du projet de loi.	Art. 94. Rédaction proposée.
Art. 36. Ils seront entendus séparément, en présence des parties, si elles comparaissent;..... Art. 37. Les parties n'interrompront point les témoins : après la déposition, le juge pourra, sur la réquisition des parties, et même d'office, faire aux témoins les interpellations convenables.	Les témoins seront entendus séparément en présence des parties qui auront comparu. Les parties n'interrompront point les témoins; après la déposition, le juge pourra, sur la réquisition des parties, et même d'office, faire aux témoins les interpellations qu'il jugera convenables.	Les témoins seront entendus séparément, en présence des parties qui auront comparu. Les parties n'interrompront point les témoins; après la déposition, le juge pourra, soit sur la réquisition des parties, soit d'office, faire aux témoins les interpellations qu'il croira convenables.

OBSERVATIONS

Les deux paragraphes dont se compose le présent article sont la reproduction textuelle, l'un du premier alinéa de l'article 36 du Code de procédure, l'autre de la disposition entière de l'article 37. Le texte ne saurait donner lieu à d'autre observation que celle consistant à proposer une modification extrêmement légère et qui est de pur style.

TEXTES

Code de procédure civile.	Art. 93 du projet de loi.	Art. 95. Rédaction proposée.
Art. 39. Dans les causes sujettes à l'appel, le greffier dressera procès-verbal de l'audition des témoins : cet acte contiendra leurs noms, âge, profession et demeure, leur serment de dire vérité, leur déclaration s'ils sont parents, alliés, serviteurs ou domestiques des parties, et les reproches qui auraient été fournis contre eux. Lecture de ce procès-verbal sera faite	Dans les causes sujettes à l'appel, le greffier dressera procès-verbal de l'audition des témoins : cet acte contiendra leurs noms, âge, profession et demeure, leur serment de dire la vérité, leur déclaration s'ils sont parents, alliés, serviteurs ou domestiques des parties, et les reproches qui auraient été fournis contre eux. Lecture de ce procès-verbal sera faite	Il sera tenu, par le greffier, sur le plumitif d'audience et sous la surveillance du juge de paix, des notes énonçant les noms, âge, profession et demeure des témoins, leur serment de dire la vérité, leur déclaration s'ils sont parents ou alliés de l'une des parties et à quel degré, s'ils sont ses serviteurs ou domestiques. Ces notes, qui contiendront, en

à chaque témoin pour la partie qui le concerne ; il signera sa déposition, ou mention sera faite qu'il ne sait ou ne peut signer. Le procès-verbal sera, en outre, signé par le juge et par le greffier. Il sera procédé immédiatement au jugement, ou au plus tard à la première audience. .

Art. 40. Dans les causes de nature à être jugées en dernier ressort, il ne sera point dressé de procès-verbal ; mais le jugement énoncera les noms, âge, profession et demeure des témoins, leur serment, leur déclaration s'ils sont parents, alliés, serviteurs ou domestiques des parties, les reproches, et le résultat des dépositions.

à chaque témoin pour la partie qui le concerne ; il signera sa déposition, ou mention sera faite qu'il ne sait ou ne peut signer. Le procès-verbal sera, en outre, signé par le juge et le greffier. Il sera procédé immédiatement au jugement, ou, au plus tard, à la première audience.

Art. 94. Dans les causes de nature à être jugées en dernier ressort, il ne sera point dressé de procès-verbal ; mais il sera tenu par le greffier notes sommaires des dépositions des témoins : ces notes seront signées par le juge de paix. Le jugement énoncera les noms, âge, profession et demeure des témoins, leur serment, leur déclaration s'ils sont parents, alliés, serviteurs ou domestiques des parties, et le résultat des dépositions.

outre, l'analyse sommaire des dépositions des témoins, ainsi que l'énonciation des articulations produites contre eux, seront signées par le juge de paix et par le greffier.

OBSERVATIONS

Nous réunissons ces deux articles afin d'en examiner simultanément les dispositions, et parce que aussi nous allons proposer de les fondre en un seul.

Comme l'avait fait le législateur de 1806 en rédigeant les articles 39 et 40 du Code de procédure, le législateur actuel distingue entre les causes susceptibles d'appel et celles sur lesquelles il doit être statué en dernier ressort. Relativement à celles-ci, l'article 94 du projet (art. 40) se borne à prescrire qu'il soit tenu par le greffier des notes sommaires des témoignages qui ont été reçus. A l'égard de celles-là, au contraire, l'article 93 (art. 39) exige qu'il soit dressé un procès-verbal d'enquête, et que chacun des témoins entendus signe sa déposition.

Or, la rédaction de ce procès-verbal constitue-t-elle une formalité substantielle dont l'accomplissement soit de nature à entraîner la nullité de l'enquête et tout à la fois du jugement qui en est la suite? Un arrêt de la Cour de cassation, du 27 avril 1840, avait consacré la négative, mais un autre arrêt de la même Cour, du 3 juin 1845, a résolu la question en sens contraire. Cette contradiction entre deux décisions émanant de la Cour suprême, si les prescriptions de l'article 93 doivent être maintenues, démontre l'utilité d'apporter une modification du texte afin de faire cesser toute difficulté d'interprétation à cet égard.

Nous disons : *si les prescriptions de l'article 93 doivent être maintenues.* En effet, un procès-verbal d'enquête est-il chose bien nécessaire? Ne pourrait-on pas, au contraire, y suppléer avantageusement par des notes qui contiendraient l'analyse complète de chaque déposition, notes convenablement rédigées et portées par le greffier sur le plumitif d'audience, sous la surveillance du juge de paix et avec la sanction de sa signature?

L'utilité du procès-verbal, a-t-on dit, se tire de ce que, au cas d'appel, le Tribunal de second degré peut trouver opportun de prendre connaissance des témoignages tels qu'ils se sont produits devant le premier juge. Mais, nous le répétons, est-ce que des notes analytiques, dès l'instant qu'elles sont complètes et bien rédigées, n'atteindront pas le même résultat? Ajoutons que le nombre des appels, déjà fort insignifiant en tant qu'on le rapproche de celui des jugements rendus en premier ressort (cinq pour cent), devient bien plus insignifiant encore si l'on n'a égard qu'au nombre de ceux de ces jugements qui sont intervenus après enquête (un demi pour cent) (1).

Supprimer le procès-verbal d'enquête, ce serait d'abord amoindrir les frais de procédure devant le juge du premier degré ; mais le motif qui nous porte à proposer cette suppression, c'est bien moins cette diminution de frais qui, en réalité, n'a qu'une importance relativement fort minime, que la cessation du grave inconvénient qui résulte de la nécessité où se trouve le juge de paix de faire dresser, pendant l'audience, un procès-verbal qui doit contenir, outre les diverses énonciations prescrites, les témoignages *in extenso*, de faire donner lecture à chaque témoin de sa déposition, et de la lui faire signer.

Pour quiconque n'ignore pas ce qu'est une audience chargée, une audience où le nombre des causes inscrites au rôle atteint quelquefois un chiffre fort élevé (2), il est manifeste que la rédaction d'un procès-verbal d'enquête est chose absolument impossible. Étant donné une dizaine de témoins à entendre, le juge devrait consacrer de deux à trois heures à la réception des témoignages, à la rédaction du procès-verbal, à la lecture et à la signature des dépositions. Aussi qu'arrive-t-il ? C'est que, dans la plupart des siéges occupés, c'est-à-dire dans les grands centres de population, et notamment à Paris, là où, parmi les jugements susceptibles d'appel, ceux rendus après enquête sont le plus nombreux, on s'abstient presque toujours de dresser ce procès-verbal. Or, ne serait-il donc pas infiniment préférable de supprimer une disposition qui, généralement et par la force des choses, n'est point appliquée, que de la laisser subsister, alors d'ailleurs que l'acte dont il s'agit n'a qu'un but d'utilité au moins fort contestable, remplacé qu'il peut être par les notes analytiques dont nous venons de parler ?

Nous proposons donc de fondre les articles 93 et 94 en un seul dont nous avons ci-dessus rédigé le texte.

Nous proposons aussi de supprimer la disposition finale du premier de ces articles, qui soumet le juge de paix à l'obligation de rendre son jugement immédiatement, ou, au plus tard, à la première audience. Chose vraiment singulière : cette prescription, que ne contient pas l'article 94 relatif aux causes de dernier ressort qui, de valeur moindre, présentent généralement peu de difficultés, est renfermée dans l'article 93 applicable aux affaires plus graves, plus importantes, et qui souvent exigent un examen plus long et plus approfondi ! La vérité est que le règlement des intérêts des parties ne doit souffrir aucun retard ; que le juge de paix doit prononcer sur le litige dès que l'affaire est en état, c'est-à-dire aussitôt que sa religion est éclairée. Mais, à peine

---

(1) Ainsi, en l'année 1867 (Rapport de Son Excell. M. le Garde des Sceaux, Ministre de la justice, des 2 avril et 6 juin 1869), les juges de paix ont rendu 272,651 jugements, dont 83,768 en premier ressort, et il y a eu 4,367 appels sur lesquels les Tribunaux d'arrondissement ont statué.

Sur 20,000 enquêtes, environ, auxquelles il a été procédé, 400 à peine se rapportent à ceux des jugements de premier ressort qui ont été frappés d'appel.

(2) La moyenne des causes, à la justice de paix du IXᵉ arrondissement de Paris, est de 45 à 50. Il arrive quelquefois que, pour une seule audience, leur nombre atteint le chiffre de 100, et souvent que ce nombre dépasse 70.

de rendre possible le grave inconvénient des décisions précipitées, on ne saurait raisonnablement lui imposer, comme règle absolue et inflexible, l'obligation de statuer au plus tard à l'audience qui suit immédiatement celle où l'enquête a été mise à fin.

TITRE IX

Des Visites de lieux et des Expertises.

TEXTES

Code de procédure civile.	Projet de loi.	Rédaction proposée.
Art. 38. Dans tous les cas où la vue du lieu peut être utile pour l'intelligence des dépositions, et spécialement dans les actions pour déplacement de bornes, usurpations de terres, arbres, haies, fossés ou autres clôtures, et pour entreprises sur les cours d'eau, le juge de paix se transportera, s'il le croit nécessaire, sur le lieu, et ordonnera que les témoins y seront entendus. Art. 41. Lorsqu'il s'agira, soit de constater l'état des lieux, soit d'apprécier la valeur des indemnités et dédommagements demandés, le juge de paix ordonnera que le lieu contentieux sera visité par lui, en présence des parties. Art. 42, § 1er. Si l'objet de la visite ou de l'appréciation exige des connaissances qui soient étrangères au juge, il ordonnera que les gens de l'art, qu'il nommera par le même jugement, feront la visite avec lui et donneront leur avis : il pourra juger sur le lieu même, sans désemparer.....	Art. 92. Dans tous les cas où la vue des lieux peut être utile pour l'intelligence des dépositions, le juge de paix s'y transportera, s'il le croit nécessaire, et ordonnera que les témoins y seront entendus. Art. 95. Toutes les fois que le juge de paix le trouvera convenable, il pourra ordonner qu'il se transportera sur les lieux en présence des parties ; il pourra même, s'il le juge indispensable, nommer un ou trois experts et ordonner qu'ils feront la visite avec lui et donneront leur avis ; il pourra juger sur le lieu même sans désemparer.	Art. 96. Toutes les fois que le juge de paix le trouvera utile, il pourra ordonner qu'il se transportera sur les lieux contentieux, soit pour en faire la visite et la constatation, soit pour y entendre les témoins, afin de faciliter l'intelligence des dépositions. Il pourra juger sur le lieu même, sans désemparer. Art. 97 (nouveau). Dans tous les cas où il sera nécessaire, le juge de paix pourra commettre un ou trois experts qui prêteront serment devant lui, s'ils n'en ont été dispensés par les parties, ou de leur consentement. Il ne sera dressé aucun procès-verbal de la prestation de serment, laquelle sera constatée, sans frais, par une simple mention sur le plumitif d'audience, qui contiendra également les noms, profession et domicile des experts, et sera signée par le juge et par le greffier. Les experts procéderont seuls ou en la présence du juge de paix, selon qu'il sera ordonné par le jugement qui les aura commis.

OBSERVATIONS

L'article 95 du projet de loi, en reproduisant la disposition de l'article 41 et la première partie de celle de l'article 42 du Code de procédure civile dont il améliore la rédaction, rend superflu, ce semble, l'article 92. Dès l'instant que l'article 95 dispose que le juge de paix peut ordonner son transport sur les lieux *toutes les fois* que ce magistrat le trouve convenable, *c'est-à-dire d'une manière générale* et sans distinction des cas qui peuvent le nécessiter, il est manifestement inutile qu'un autre article autorise ce transport pour le cas spécial où la vue des lieux peut faciliter l'intelligence des dépositions des témoins. Nous proposons donc la suppression pure et simple de l'article 92, dont la disposition, si elle devait être maintenue d'ailleurs, serait infiniment mieux placée sous le titre IX, consacré aux visites de lieux, qu'au titre VIII, spécial aux enquêtes.

De même que la disposition de l'article 42 du Code de procédure, celle de l'article 95 du projet qui la reproduit partiellement, ainsi que nous venons de le dire, est la seule qui investisse le juge de paix du pouvoir de commettre des experts ; et il semble résulter, disons mieux, il résulte expressément du texte que c'est seulement quand il s'agit de visiter des lieux litigieux que le juge de paix peut exercer ce pouvoir. Cependant il est hors de doute que ce magistrat a le droit et qu'il est de son devoir d'ordonner une expertise toutes les fois que l'appréciation qu'il s'agit de faire exige des connaissances qui lui manquent à lui-même, par exemple, soit en matière de réparations locatives ou de dégradations ; soit qu'il faille opérer la vérification et le règlement d'un mémoire d'ouvrages ; soit qu'il y ait à reconnaître si l'exécution de certains travaux a été complète, ou conforme à la convention, bonne ou mauvaise ; soit qu'il s'agisse de constater l'existence d'un fait prétendu dommageable, et de fixer l'importance de la réparation à laquelle il donne lieu, etc.; dans ces divers cas et autres analogues, nous le répétons, le juge de paix a incontestablement le droit de prescrire une expertise pour s'éclairer. Or, il existe à cet égard une lacune dans le livre consacré à la procédure devant les justices de paix, et c'est cette lacune que nous proposons de combler en introduisant au titre IX, que nous avons intitulé : *Des visites de lieux et des expertises*, l'article nouveau qu'on vient de lire, qui attribue au juge de paix, d'une manière générale, le droit d'ordonner la mesure d'instruction dont il s'agit, et en règle sommairement la procédure en disposant que ce magistrat pourra nommer un ou trois experts, lesquels prêteront serment devant lui, s'ils n'en ont été dispensés par les parties ou de leur consentement. Ajoutons qu'au cas de prestation de serment, la rédaction d'un procès-verbal est entièrement dépourvue d'utilité ; une simple mention au plumitif d'audience, sans frais de timbre ni d'enregistrement, suffit pour constater régulièrement l'accomplissement de cette formalité.

L'article 42 du Code de procédure porte que le juge de paix qui aura nommé des gens de l'art *ordonnera qu'ils feront la visite avec lui*. Cette disposition semble formelle ; aussi quelques auteurs ont-ils soutenu qu'une visite de lieux, faite par des experts commis, est nulle et sans valeur lorsqu'elle a lieu hors la présence du juge de paix. Cette doctrine exagère évidemment la portée dudit article et n'a d'ailleurs pas reçu la sanction de la Cour suprême qui, suivant arrêt du 2 décembre 1868, a décidé que ledit article 42 ne prescrit pas à peine de nullité la présence du juge de paix à l'expertise qu'il a ordonnée, ce magistrat ne devant se transporter sur les lieux que lorsqu'il trouve ce transport nécessaire.

Or, bien que la disposition de l'article 95 du projet de loi soit moins impérative que celle de l'article 42 du Code de procédure, puisqu'elle porte seulement que le juge de paix *pourra ordonner que les experts feront la visite avec lui*, il nous semble que ce texte contient un certain vague et laisse subsister, sur le point de savoir si, au cas de visite de lieux, les experts peuvent ou non procéder seuls et hors la présence du juge de paix, un doute que la rédaction que nous proposons aurait pour résultat de faire cesser.

TEXTES

Code de procédure civile.	Projet de loi.	Rédaction proposée.
Art. 42, § 2 ..... Dans les causes su-	Art. 96. Dans les causes sujettes à	Art. 98. Dans les causes sujettes à

jettes à l'appel, procès-verbal de la visite sera dressé par le greffier, qui constatera le serment prêté par les experts. Le procès-verbal sera signé par le juge, par le greffier et par les experts ; et si les experts ne savent ou ne peuvent signer, il en sera fait mention.

appel, il sera dressé par le greffier procès-verbal de la visite ; il constatera le serment prêté par les experts et leur avis. Le procès-verbal sera signé par le juge, par le greffier et par les experts, et si les experts ne savent ou ne peuvent signer, il en sera fait mention.

appel, le greffier dressera de la visite un procès-verbal qui contiendra, en outre, l'avis des experts, s'il en a été commis et s'ils ont procédé en présence du juge de paix. Ce procès-verbal sera signé par le juge, par le greffier et par les experts ; si les experts ne savent ou ne peuvent signer, il en sera fait mention.

Dans le cas où les experts auront procédé seuls à l'opération ordonnée, ils dresseront de cette opération un rapport, soumis au timbre et à l'enregistrement, dont le dépôt sera fait par l'un d'eux au greffe de la justice de paix, et constaté par acte signé du greffier.

Art. 43. Dans les causes non sujettes à l'appel, il ne sera point dressé de procès-verbal ; mais le jugement énoncera les noms des experts, la prestation de leur serment et le résultat de leur avis.

Art. 97. Dans les causes non sujettes à l'appel, il ne sera point dressé de procès-verbal, mais le jugement énoncera les noms des experts, la prestation de leur serment et le résultat de leur avis.

Art. 99. Dans les causes non sujettes à appel, il ne sera dressé procès-verbal ni de la visite des lieux ni de l'opération des experts, s'il en a été commis.

Dans ce dernier cas, les experts feront verbalement le rapport de leur opération, ou le remettront par écrit et sans frais au greffe de la justice de paix.

OBSERVATIONS

L'article 96 du projet reproduit, avec quelques légers changements de rédaction, le second paragraphe de l'article 42 du Code de procédure civile, et l'article 97 contient la transcription littérale de l'article 43.

On ne peut qu'approuver la distinction que maintient le législateur entre les causes qui sont susceptibles d'appel et celles dans lesquelles le juge de paix prononce en dernier ressort. A l'égard de celles-ci, un procès-verbal est évidemment inutile, puisque le jugement à intervenir n'a point à subir l'épreuve du second degré de juridiction. Quant à celles-là, au contraire, la possibilité de l'appel rend ce procès-verbal nécessaire pour que le Tribunal d'appel puisse, s'il le juge à propos, faire état soit des constatations et vérifications auxquelles la visite a donné lieu, alors d'ailleurs que l'état des lieux ou des choses est parfois susceptible de changer, soit de l'avis et des appréciations des experts, s'il en a été commis.

Les dispositions des articles 96 et 97 doivent donc être maintenues, mais elles nous paraissent insuffisantes, en ce sens qu'elles supposent nécessairement cette double hypothèse que des experts ont été commis et qu'ils ont procédé concurremment avec le juge de paix. Or, il peut arriver, et il arrive très-fréquemment, en effet, soit que le juge de paix procède seul à une visite de lieux, sans même qu'il y ait expertise, soit au contraire, que des experts ont été commis et ont procédé à une constatation de lieux ou à toute autre opération ordonnée, sans le concours du juge de paix. La rédaction que nous proposons de substituer à celle desdits articles (98 et 99 de cette rédaction) nous semble de nature à satisfaire à ce double objet.

TITRE X

De la Recusation des juges de paix.

TEXTES

Art. 44 du Code de procédure.	Art. 98 du projet de loi.	Art. 100. Rédaction proposée.
Les juges de paix pourront être récusés : 1° quand ils auront intérêt personnel à la contestation ; 2° quand ils seront parents ou alliés d'une des parties, jusqu'au degré de cousin-germain inclusivement ; 3° si, dans l'année qui a précédé la récusation, il y a eu procès criminel entre eux et l'une des parties ou son conjoint, ou ses parents et alliés en ligne directe ; 4° s'il y a procès civil existant entre eux et l'une des parties, ou son conjoint ; 5° s'ils ont donné un avis écrit dans l'affaire.	Seront applicables au juge de paix les causes de récusation déterminées par la loi pour les juges des Tribunaux et des Cours.	Seront applicables aux juges de paix les causes de récusation déterminées par la loi pour les juges des Tribunaux et des Cours.

OBSERVATIONS

L'article 44 du Code de procédure réduit au nombre de cinq les motifs de récusation qu'admet l'article 378 à l'égard des autres Tribunaux. C'est ce qui a fait dire au professeur Carré (*Lois de la procéd. civ.*, t. Ier p. 190) que l'importance des affaires est la mesure des causes qui rendent un juge récusable, proposition manifestement erronée, car, pour nous borner à signaler un cas, la demande en payement de 1,500 francs pour dépenses d'hôtellerie, dont la connaissance est attribuée au juge de paix par l'article 2 de la loi du 25 mai 1838 (art. 14 du projet de loi), est une cause plus importante que la réclamation d'une somme de 210 francs pour prêt d'argent, qui doit être portée devant le Tribunal civil d'arrondissement.

La vérité est que les circonstances exceptionnelles qui autorisent une partie à refuser d'avoir pour juge celui auquel la loi attribue la connaissance du différend sont les mêmes pour toutes les juridictions, et doivent pouvoir être invoquées sans qu'il soit besoin d'examiner la valeur des litiges, et sans qu'il y ait lieu de distinguer entre les diverses autorités judiciaires qui sont appelées à en donner la solution.

C'est ce principe que vient consacrer l'article 98 du projet, en déclarant applicables aux juges de paix toutes les causes de récusation que la loi détermine pour les autres Tribunaux. Ces causes sont énumérées, ainsi que nous venons de le dire, dans l'article 378 du Code de procédure. Lors de la révision de cet article, il y aura lieu d'examiner s'il ne conviendrait pas d'en modifier la rédaction.

TEXTE

Article 101. (*Disposition nouvelle.*)

La récusation ne sera pas recevable si elle n'a pas été proposée lors de la première comparution et avant tous moyens et défenses, à moins que les causes de la récusation ne soient survenues postérieurement.

OBSERVATIONS

Suivant l'article 382 du Code de procédure, la récusation doit être proposée, soit avant le commencement des plaidoiries, soit avant l'achèvement de l'instruction, si l'affaire est en rapport, ou avant l'expiration des délais, à moins cependant que les causes n'en soient survenues postérieurement.

Or, il nous semble utile d'édicter une disposition analogue pour les matières de justice de paix. On ne saurait admettre qu'une partie fût recevable à proposer la récusation dont la cause remonte à une époque antérieure, après avoir pris et développé ses conclusions, et même alors qu'elle n'aurait encore fait que de fournir ses explications ou produire ses moyens au soutien de ses prétentions.

C'est pourquoi nous proposons, comme disposition nouvelle, celle dont on vient de lire le texte et qui formerait l'article 101 de notre rédaction.

TEXTES

Art. 45 du Code de procédure.	Art. 99 du projet de loi.	Art. 102. Rédaction proposée.
La partie qui voudra récuser un juge de paix, sera tenue de former la récusation et d'en exposer les motifs par un acte qu'elle fera signifier, par le premier huissier requis, au greffier de la justice de paix, qui visera l'original. L'exploit sera signé, sur l'original et la copie, par la partie ou son fondé de pouvoir spécial. La copie sera déposée au greffe, et communiqu'e immédiatement au juge par le greffier.	La partie qui voudra récuser un juge de paix sera tenue de former la récusation et d'exposer les motifs par un acte qu'elle fera signifier par huissier au greffier de la justice de paix, qui visera l'original ; l'exploit sera signé, sur l'original et la copie, par la partie ou son fondé de pouvoir spécial. La copie sera déposée au greffe et communiquée immédiatement au juge par le greffier.	La partie qui voudra récuser un juge de paix sera tenue de former la récusation et d'en exposer le motif par un acte qu'elle fera signifier par huissier au greffier de la justice de paix, qui visera l'original. L'exploit sera signé, sur l'original et sur la copie, par la partie ou son fondé de pouvoir spécial. La copie, délivrée au greffier, sera par lui communiquée immédiatement au juge de paix.

OBSERVATIONS

Cet article, qui reproduit identiquement la disposition de l'article 45 du Code de procédure civile, ne donne lieu à aucune observation. Nous nous bornons à proposer quelques légères modifications qui sont de pur style.

TEXTES

Art. 46 du Code de procédure.	Art. 100 du projet de loi.	Art. 103. Rédaction proposée.
Le juge sera tenu de donner au bas de cet acte, dans le délai de deux jours, sa déclaration par écrit, portant, ou son acquiescement à la récusation, ou son refus de s'abstenir, avec ses réponses aux moyens de récusation.	Le juge sera tenu de donner au bas de cet acte, dans le délai de deux jours, sa déclaration par écrit, portant, ou son acquiescement à la récusation, ou son refus de s'abstenir, avec ses réponses aux moyens de récusation.	Le juge de paix sera tenu de donner au bas de cette copie, dans le délai de deux jours, sa déclaration portant, ou son acquiescement à la récusation, ou son refus de s'abstenir, avec ses réponses aux moyens de récusation.

OBSERVATIONS

Cette disposition, copie textuelle de celle de l'article 46 du Code de procédure, de même que la précédente, ne provoque aucune observation.

TEXTE

Article 104. (*Disposition nouvelle.*)

Si le juge de paix acquiesce à la récusation, la cause et les parties seront renvoyées de droit devant l'un de ses suppléants.

OBSERVATIONS

L'article précédent, de même que l'article 46 du Code de procédure qu'il est destiné à remplacer, prévoit le cas où le juge de paix acquiescerait à la récusation, et aucune disposition ne règle, dans cette prévision, la procédure qui doit être suivie pour remettre à un autre juge la solution du différend dont avait été saisi le juge de paix récusé. Or, les auteurs décident, dans ce cas, non-seulement que la cause doit être renvoyée devant l'un des suppléants, ce qui est parfaitement rationnel, mais encore que ce renvoi doit être prononcé, non par le juge de paix lui-même, mais par le Tribunal civil d'arrondissement, formalité qui nous paraît oiseuse et entièrement dépourvue d'utilité.

Dès l'instant qu'en présence de la récusation dont il est l'objet, et qu'il reconnaît être fondée, le juge de paix déclare être prêt à s'abstenir, à quoi bon s'adresser au Tribunal qui, n'étant investi d'aucun pouvoir d'appréciation, doit nécessairement prononcer le renvoi dont il s'agit? N'est-il pas infiniment plus simple que ce renvoi soit réglé par le législateur lui-même, absolument comme s'il s'agissait d'un empêchement ordinaire du juge de paix, pour cause d'absence ou de maladie? C'est ce que nous proposons de faire au moyen de la disposition ci-dessus qui deviendrait l'article 104 de notre rédaction.

TEXTES

Art. 47 du Code de procédure.

Dans les trois jours de la réponse du juge qui refuse de s'abstenir, ou faute par lui de répondre, expédition de l'acte de récusation et de la déclaration du juge, s'il y en a, sera envoyée par le greffier, sur la réquisition de la partie la plus diligente, au procureur impérial près le Tribunal de première instance dans le ressort duquel la justice de paix est située : la récusation y sera jugée en dernier ressort dans la huitaine, sur les conclusions du procureur impérial, sans qu'il soit besoin d'appeler les parties.

Art. 101 du projet de loi.

Dans les trois jours de la réponse du juge qui refuse de s'abstenir, ou faute par lui de répondre, expédition de l'acte de récusation et de la déclaration du juge, s'il y a lieu, sera, à moins que la partie n'ait, par déclaration au greffe, renoncé à la récusation, envoyée par le greffier, sur la réquisition de la partie la plus diligente, au procureur impérial près le Tribunal civil d'arrondissement dans le ressort duquel la justice de paix est située. La récusation y sera jugée en dernier ressort dans la huitaine, sur les conclusions du ministère public, sans qu'il y ait lieu d'appeler les parties.

Si la récusation n'est pas admise, celui qui l'aura formée sera, par le même jugement, condamné en dernier ressort à une amende de 25 francs au moins et de 100 francs au plus.

Art. 105. Rédaction proposée.

Si le juge de paix n'acquiesce point à la récusation, ou s'il s'abstient de répondre, et si la partie n'a d'ailleurs pas renoncé à la récusation par déclaration au greffe, expédition de l'acte de récusation et de la déclaration du juge, s'il en existe, sera, dans les cinq jours de la date de cet acte, transmise par le greffier, sur la réquisition de la partie la plus diligente, au procureur impérial près le Tribunal civil d'arrondissement auquel la justice de paix ressortit. La récusation y sera jugée, en dernier ressort, dans la huitaine, sur les conclusions du ministère public, sans qu'il soit besoin d'appeler les parties.

Si la récusation est admise, le Tribunal renverra la cause et les parties devant l'un des suppléants du juge de paix récusé.

Si la récusation n'est pas admise, celle des parties qui l'aura formée sera, par le même jugement, condamnée, en dernier ressort, à une amende de 25 francs au moins et de 100 francs au plus.

OBSERVATIONS

Le premier alinéa de cet article est destiné à remplacer l'article 47 du Code de procédure, et est conçu dans les mêmes termes. Le second alinéa est de droit nouveau. Prévoyant le cas où la récusation ne serait point admise, le législateur entend qu'une amende de 25 à 100 francs soit infligée à celle des parties qui aurait eu la témérité de la proposer. On ne peut qu'applaudir à cette innovation : il doit exister une amende de *folle récusation* comme il y a une amende de *fol appel*.

Nous proposons d'intercaler dans ledit article, et pour le compléter, une disposition qui en deviendrait le second paragraphe. Il y est dit que la récusation sera jugée dans la huitaine, mais l'article omet d'ajouter, pour le cas où elle serait admise, que le Tribunal devra, par le même jugement, renvoyer les parties devant l'un des suppléants du juge de paix récusé.

TEXTE

Art. 106. (*Disposition nouvelle.*)

Le juge de paix qui saura exister cause de récusation en sa personne devra, alors même qu'aucune récusation ne serait proposée contre lui, s'abstenir de connaître du différend porté devant lui.

Si les parties acceptent l'abstention, la cause sera renvoyée de droit devant l'un des suppléants, conformément à l'article 104 ci-dessus.

Si, au contraire, les parties ou l'une d'elles refusent d'accepter l'abstention du juge de paix, il sera procédé devant le Tribunal d'arrondissement, à la requête de la partie la plus diligente, conformément aux dispositions de l'article 105.

La décision sera rendue sans frais, et il en sera immédiatement donné connaissance au juge de paix par le procureur impérial.

OBSERVATIONS

Il est, croyons-nous, conforme au vœu du législateur que le juge de paix, bien qu'il ne soit récusé par aucune des parties, s'abstienne de connaître du litige qui lui est soumis, lorsqu'il sait exister en sa personne une cause légale de récusation. L'article 380 du Code de procédure, applicable aux Cours et Tribunaux, porte : « Tout juge qui saura cause de récusation en sa personne, sera tenu de la déclarer à la chambre qui décidera s'il doit s'abstenir. Or, il nous paraît utile qu'une disposition analogue régisse le même cas lorsqu'il se présente en justice de paix. Si les parties adhèrent à l'abstention, la cause est renvoyée de droit devant un suppléant, comme s'il s'agissait d'une récusation acceptée par le juge ; si, au contraire, les parties ou l'une d'elles n'acceptent pas l'abstention, c'est au Tribunal d'arrondissement qu'il appartient de prononcer sur simple requête et sans frais.

30623   Paris. — Imprimerie Renou et Maulde, rue de Rivoli, 144.

OUVRAGES DU MÊME AUTEUR

Révision du Code de procédure civile. — *Première partie :* CONCILIATION ET COMPÉTENCE. — Paris, BOST, rue des Saints-Pères, 12. — Broch. in-4°... Prix : 1 fr. 80 c.
Les deux parties réunies... Prix : 3 fr.

Traité pratique de la compétence civile des Juges de paix, en matière contentieuse. — Paris, BOST, rue des Saints-Pères, 12, et A. DURAND, rue Cujas, 7. — Un très-fort vol. in-8°, de plus de 700 pages.................................. Prix : 8 fr.

Traité de la Police judiciaire, en matière de crimes et délits, dans ses rapports avec les attributions des Juges de paix, Suppléants et autres officiers auxiliaires. — Paris, BOST, rue des Saints-Pères, 12. — Un vol. in-8°.............................. Prix : 4 fr.

Traité de la Police du Roulage, dans ses rapports avec la compétence des tribunaux de simple police ; de la constatation, de la poursuite et de la répression des contraventions ; suivi de formules de Jugements et de Procès-verbaux. — Paris, BOST, rue des Saints-Pères, 12, et DURAND, rue Cujas, 7. — Un fort vol. in-8°................. Prix : 4 fr.

Supplément au Traité de la Police du Roulage. — Paris, BOST et DURAND. — Broch. in-8°... Prix : 50 cent.

Traité des Règlements et des Arrêtés administratifs ; de leur effet et de leur sanction. — Paris, BOST, rue des Saints-Pères, 12. — Un vol. grand in-8°. Prix : 2 fr.

Des Mauvais traitements envers les Animaux domestiques, et de leur répression. Explication de la loi du 2 juillet 1850, dite : *Loi Grammont.* — Paris, BOST, rue des Saints-Pères, 12. — Un vol. grand in-12.............................. Prix : 1 fr.

De l'Émancipation, de la Tutelle et des Conseils de famille des mineurs étrangers en France. — Paris, BOST, rue des Saints-Pères, 12. — Broch. in 8°. Prix : 50 cent.

Recueil spécial des Jugements des Justices de paix, suivis d'observations et d'annotations. Publication mensuelle, contenant deux feuilles in-8°, paraissant le 15 de chaque mois depuis l'année 1864, par MM. BOST, avocat, ancien préfet, et GUILBON, juge de paix. — Prix annuel d'abonnement : *France et Algérie,* 9 fr.; Étranger, 11 fr., réduit à 5 fr. et à 7 fr. pour les abonnés au *Correspondant des Justices de paix,* recueil mensuel publié par M. BOST, avec la collaboration de M. GUILBON. — Bureaux d'abonnement à Paris, rue des Saints-Pères, 12.